UML 2
compact

Dans la même collection

P. MANGOLD. – **Gestion de projet informatique.**
N°11752, 2006, 130 pages.

Autres ouvrages sur UML

P. ROQUES. – **Mémento UML.**
N°11725, 2005, 14 pages.

P. ROQUES. – **UML 2 par la pratique.** *Cours et exercices.*
N°11680, 4e édition, 2005, 340 pages (collection Noire).

F. VALLÉE. – **UML pour les décideurs.**
N°11621, 2005, 282 pages (collection Architecte logiciel).

P. ROQUES, F. VALLÉE. – **UML 2 en action.**
De l'analyse des besoins à la conception J2EE.
N°11462, 3e édition, 2004, 380 pages + poster
(collection Architecte logiciel).

P. ROQUES. – **UML 2.** *Modéliser une application Web.*
N°11770, 2e édition, 2006, 240 pages
(collection Cahiers du programmeur).

A. LONJON, J.-J. THOMASSON. – **Modélisation XML.**
N°11521, 2006, 500 pages (collection Architecte logiciel).

X. BLANC. – **MDA en action.**
Ingénierie logicielle guidée par les modèles.
N°11539, 2005, 298 pages (collection Architecte logiciel).

P.-A. MULLER, N. GAERTNER. – **Modélisation objet avec UML.**
N°11397, 2e édition, 2003, 540 pages (collection Best of Eyrolles).

Autres ouvrages sur les processus de développement logiciel

J.-L. BÉNARD, L. BOSSAVIT , R.MÉDINA , D. WILLIAMS. –
L'Extreme Programming, avec deux études de cas.
N°11051, 2002, 300 pages (collection Architecte logiciel).

A. COCKBURN. – **Rédiger des cas d'utilisation efficaces.**
N°9288, 2001, 320 pages (collection Technologies objet).

I. JACOBSON, G. BOOCH, J.RUMBAUGH. –
Le processus unifié de développement logiciel.
N°9142, 2000, 510 pages (collection Technologies objet).

A. SHALLOWAY. – **Design patterns par la pratique.**
N°11139, 2002, 278 pages (collection Technologies objet).

UML 2
compact

Heide **Balzert**

EYROLLES

ÉDITIONS EYROLLES
61, bd Saint-Germain
75240 Paris CEDEX 05
www.editions-eyrolles.com

Adapté de l'allemand par Agnès Letourneur
Avec la collaboration technique de Pascal Roques

Table des matières

Préface

Depuis des années, cet ouvrage constitue une introduction pratique et très appréciée à UML – en voici la deuxième édition.

UML (Unified Modeling Language) est une notation graphique destinée à la création de modèles orientés objet en vue de l'analyse et de la modélisation de logiciels orientés objet. UML connaît un succès grandissant depuis sa première publication il y a dix ans. Il fait aujourd'hui office de standard de la notation orientée objet. Il est d'ailleurs souvent utilisé comme synonyme d'orientation objet.

L'objectif de cet ouvrage est de mettre à la disposition du lecteur les grands principes d'UML pour une consultation rapide. Il s'adresse donc aux lecteurs disposant d'une expérience de la modélisation orientée objet et recherchant des réponses claires et concises à leurs questions. Il s'adresse également aux lecteurs souhaitant avoir un aperçu rapide d'UML.

Cet ouvrage présente d'abord les concepts de l'orientation objet et leur représentation à l'aide d'UML. Ensuite, il fournit un aperçu de tous les diagrammes d'UML. La version UML utilisée est la plus récente : il s'agit d'UML 2.0.

La notation UML – comme un langage de programmation – n'est qu'un moyen de décrire quelque chose. Le débutant en orientation objet trouvera dans ce livre des check-lists l'aidant à passer de l'idée au modèle UML. Pour chaque étape de la procédure, le lecteur trouvera une check-list avec des astuces.

On rencontre souvent les mêmes difficultés lors de la création de modèles d'analyse et de modélisation. D'où l'intérêt des patterns d'analyse et de modélisation. Les patterns d'analyse présentés facilitent la création de diagrammes de classes. Les design patterns, quant à eux, sont la base d'une standardisation nécessaire du modèle orienté objet.

J'espère que cet ouvrage vous sera utile et qu'il vous permettra de mieux travailler avec UML.

Heide Balzert

Introduction

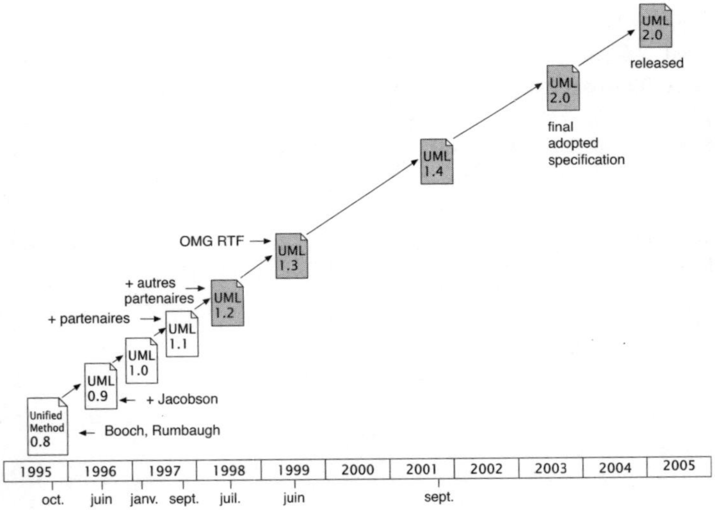

En octobre 1994, Grady Booch et Jim Rumbaugh fondèrent la Rational Software Corporation pour unir leurs efforts en vue de créer une norme industrielle unique à partir de leurs méthodes. C'est ainsi que le précurseur d'Unified Modeling Language (UML), publié sous le nom d'Unified Method 0.8, vit le jour. Depuis 1995, Ivar Jacobson travaillait également au développement d'UML. En octobre 1996, fut publiée la version 0.91 d'UML, suivie en septembre 1997 par la version 1.1, qui contenait les idées de divers partenaires UML.

La version 1.1 d'UML fut normalisée par l'Object Management Group (OMG) en novembre 1997. La poursuite du développement d'UML fut ensuite intégralement remise aux mains de l'OMG. En juillet 1998, l'OMG publiait UML 1.2. Les modifications étaient d'ordre rédactionnel et n'avaient aucune incidence sur le contenu technique. En juin 1999, l'OMG éditait UML 1.3, qui supprimait les incohérences entre les différents documents. De plus, la formulation des définitions et des explications avait été revue pour plus de précision. Sur le plan du contenu, seules quelques légères modifications avaient été apportées. En mai 2002, UML 1.4, qui présentait de petites améliorations et quelques extensions, voyait le jour. UML 1.5, publié en mars 2003, contenait également quelques correctifs.

UML 2.0, présente quant à lui de profondes modifications et de véritables extensions par rapport à la version 1.x. Citons par exemple le diagramme d'activité et le diagramme de séquence. En outre, le métamodèle, c'est-à-dire le modèle UML de spécification d'UML, a été complètement revu. En octobre 2004, une version corrigée de ce document a été achevée pour être publiée au premier trimestre 2005. Lors de la rédaction de cet ouvrage, UML 2.0 était la version officielle d'UML de l'OMG.

Éléments de notation UML

Objet

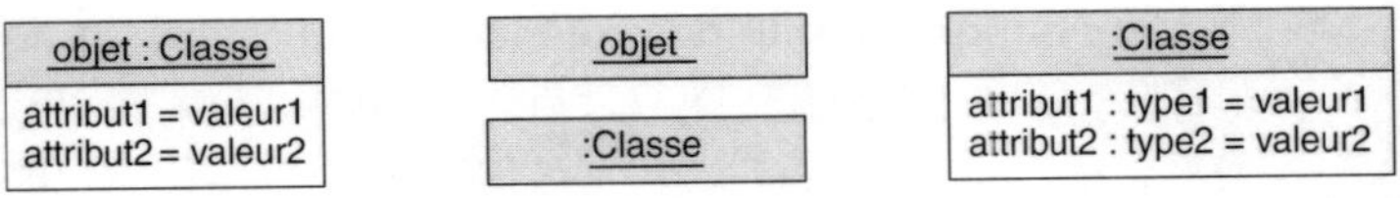

Dans le développement de programmes orientés objet, l'objet (*object*) connaît un état particulier. Il réagit d'une manière définie à son environnement. En outre, il possède une identité qui le distingue de tous les autres objets. Un objet peut avoir connaissance d'un ou de plusieurs objets : on parle alors de liens (*links*) entre les objets.

L'état (*state*) d'un objet comprend les attributs ou, le cas échéant, leur valeur ainsi que les liens existant entre cet objet et d'autres objets. Un attribut est une caractéristique inhérente et immuable d'un objet tandis que la valeur d'un attribut peut être soumise à des modifications. Le comportement (*behavior*) d'un objet est décrit par un certain nombre d'opérations. Toute modification ou requête de l'état n'est possible que par l'intermédiaire des opérations.

En UML, l'objet est représenté par un rectangle divisé en deux champs. Dans le champ supérieur, on nomme l'objet en respectant l'une des notations suivantes :

- `:Classe` - Dans le cas d'un objet anonyme, seul le nom de la classe est indiqué.
- `objet:Classe` - Quand l'objet doit être doit être appelé par un nom.
- `objet` - Quand le nom de l'objet suffit pour identifier l'objet et que le nom de la classe est évident, d'après le contexte.

La description d'un objet est toujours soulignée. Le nom de l'objet commence par une minuscule, le nom de la classe par une majuscule. Un objet anonyme fait référence à n'importe quel objet de la classe. Un nom d'objet, en revanche, spécifie un objet précis de la classe.

Le champ inférieur contient, le cas échéant, les attributs de l'objet. UML autorise les alternatives suivantes :

- `attribut : type = valeur`
- `attribut = valeur` - Cette notation est recommandée, car la valeur permet souvent de déduire le type.
- `attribut` - Cette notation est recommandée quand la valeur de l'attribut ne présente pas d'intérêt particulier.

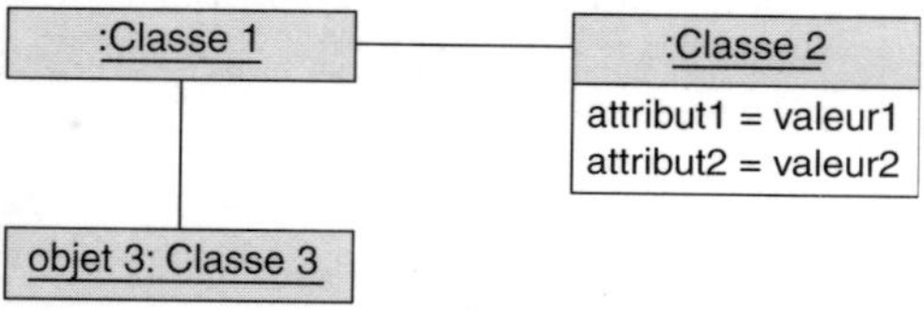

Les objets et les liens existant entre eux sont spécifiés dans un diagramme d'objets (*object diagram*). Ce diagramme décrit les objets, la valeur des attributs et les liens existant entre les objets à un moment donné. Les diagrammes d'objets sont pour ainsi dire des instantanés du système. En général, on utilise des objets anonymes. Les objets concrets ne sont intéressants que dans des cas exceptionnels. L'état (les données) et le comportement (les opérations) d'un objet constituent une unité. Les données d'un objet ne peuvent être lues et modifiées qu'au moyen d'opérations (encapsulation).

L'identité d'un objet (*object identity*) est la propriété distinguant un objet de tous les autres objets. Elle implique que tous les objets, en raison même de leur existence, sont différents, même s'ils possèdent parfois les mêmes valeurs d'attribut. L'identité d'un objet est immuable. Deux objets ne peuvent pas posséder la même identité, mais deux objets dont l'identité est différente peuvent posséder les mêmes valeurs d'attribut.

Le nom identifie l'objet dans le diagramme d'objets. Contrairement à l'identité, le nom ne doit être unique que dans le contexte étudié, c'est-à-dire dans le diagramme, non pas dans l'absolu. Des objets de différents diagrammes possédant le même nom peuvent très bien être des objets différents. Tous les objets assimilés, c'est-à-dire les objets ayant les mêmes opérations et les mêmes attributs – mais généralement des valeurs d'attribut différentes – appartiennent à la même classe. Chaque objet représente une instance particulière d'une classe.

Stéréotype

Le concept de stéréotype (*stereotype*) est utilisé dans la définition de nombreux éléments UML. Il permet d'étendre la sémantique des éléments de modélisation. Par exemple, le stéréotype `"enumeration"` indique que le symbole de classe est utilisé, mais qu'il ne s'agit pas d'une classe « normale », le symbole de classe spécifiant ici un type d'énumération (pour l'illustration, veuillez vous reporter à la section Type d'attribut). UML propose un certain nombre de stéréotypes prédéfinis, qui peuvent également être appelés « mots-clés » (*keywords*). Le modélisateur UML peut lui-même définir d'autres stéréotypes.

Classe

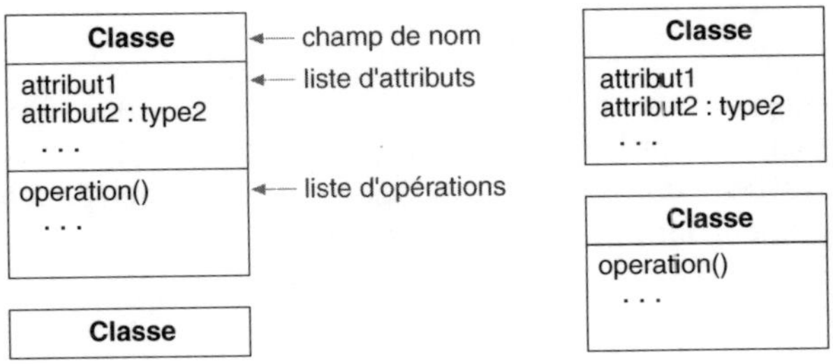

Une classe (*class*) définit la structure (attributs), le comportement (opérations) et les liens (associations et structures de généralisation) d'une série d'objets. Elle possède un mécanisme permettant de créer de nouveaux objets (*object factory*). Le comportement (*behavior*) d'une classe n'est pas décrit par les messages auxquels cette classe ou ses objets peuvent réagir. Un message (*message*) active une opération du même nom.

Les symboles de classe sont inscrits avec d'autres symboles, comme l'association et la généralisation, dans un diagramme de classes. Dans le cas de systèmes à gros volume, il est utile voire nécessaire de créer plusieurs diagrammes de classes.

Le nom de classe doit être descriptif, par exemple : les employés, les véhicules, les clients. Le nom de classe doit être unique dans un package, mieux : dans l'ensemble du système. Au besoin, on peut utiliser l'extension suivante : `package::Classe`.

Classifieur

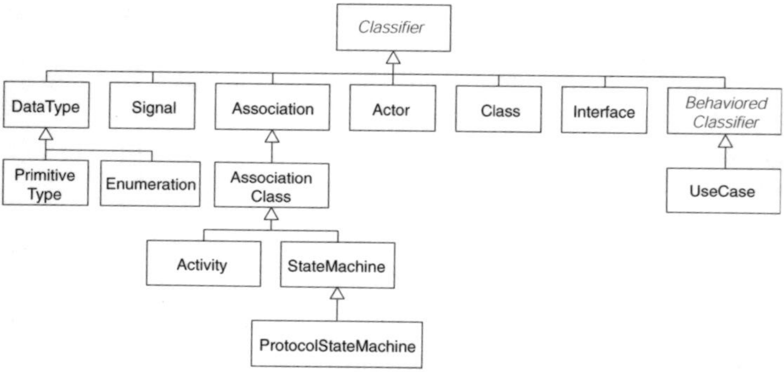

Le concept de classifieur est une nouveauté d'UML 2. On peut brièvement définir le concept de classifieur (*classifier*) comme une généralisation du concept de classe. De nombreux éléments d'UML possédant les mêmes propriétés que les classes, ces propriétés sont rassemblées dans le classifieur et, de là, transmises aux divers éléments. La figure montre un extrait du métamodèle d'UML 2. Le classifieur n'est pas directement utilisé dans les modèles UML, mais il est employé dans la spécification du métamodèle et la définition de concepts UML.

Classe paramétrée

Une classe paramétrée (*parameterized class, template*) décrit une classe avec un ou plusieurs paramètres formels. La classe paramétrée définit donc une famille de classes. Chaque paramètre se compose du nom et du type. Le type est absent quand le nom décrit déjà un type. La liste de paramètres ne doit pas être vide. Les différents paramètres d'une liste sont séparés par des virgules. Une classe paramétrée doit contenir des attributs définis indépendamment des paramètres. Pour qu'une classe paramétrée puisse être utilisée, ses paramètres formels doivent être liés aux paramètres actuels. La classe paramétrée est également appelée « classe générique ».

La liaison entre une classe concrète et une classe paramétrée s'opère par une flèche de généralisation en pointillés dotée du stéréotype `"bind"`. L'affectation du paramètre actuel au paramètre formel est réalisé sous la forme : `paramètreActuel->paramètre-Formel`, le paramètre étant un type ou une valeur.

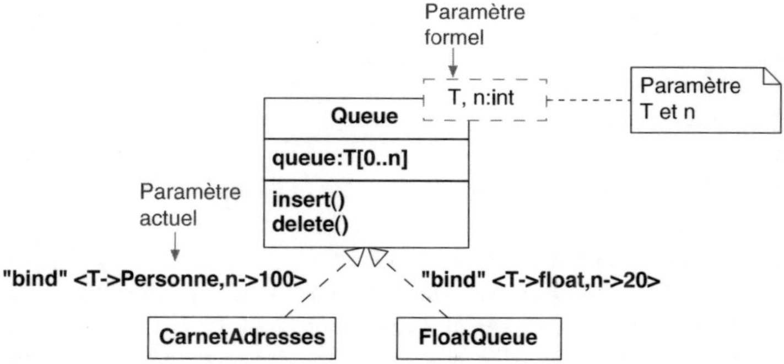

La classe paramétrée `Queue` possède les opérations habituelles `insert()` et `delete()`. Le paramètre `T` décrit un type. Ce paramètre ne nécessite donc pas d'autres indications. Le paramètre `n` du type `int` indique la taille maximum de `Queue`. Le nombre d'éléments que doit gérer `Queue` n'a pas (encore) été déterminé. C'est pourquoi l'attribut `queue` est défini à l'aide du type `T` et de la multiplicité `[0..n]`. Cette classe paramétrée constitue le modèle des classes « normales » `CarnetAdresses` pouvant contenir un maximum de 100 objets de type `Personne` et `FloatQueue`, pouvant contenir un maximum de 20 valeurs de *float*. À partir de ces deux classes peuvent être créés des objets correspondants.

Interface

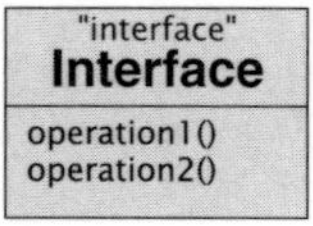

Une interface décrit une ou plusieurs signatures d'opérations. Ces opérations abstraites ne doivent pas être caractérisées par `{abstract}` car une interface ne peut pas contenir d'autres opérations – une différenciation n'est donc pas nécessaire. La notation de l'interface utilise le symbole de classe déterminé par le mot-clé `interface`.

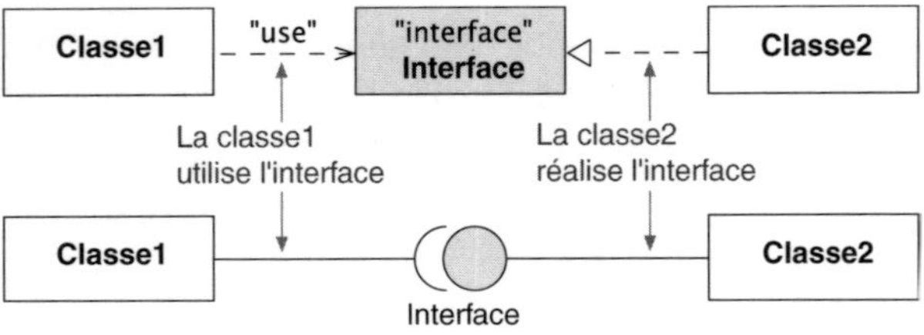

On ne peut pas créer d'objet à partir des interfaces, contrairement aux classes. Les interfaces sont pour ainsi dire des coquilles vides devant être réalisées par des classes. La réalisation d'une interface par une classe (ou par un classifieur) implique que toutes les opérations de l'interface doivent être réalisées. Une interface peut également être réalisée par plusieurs classifieurs. Réciproquement, un classifieur peut réaliser plusieurs interfaces. Les interfaces sont modélisées pour être utilisées par d'autres classes. La classe à utiliser ne doit pas nécessairement savoir comment l'interface est réalisée : le comportement visible à l'extérieur lui suffit.

Attribut

Les attributs décrivent les données pouvant être acceptées par les objets d'une classe. Chaque attribut est d'un type particulier. Tous les objets d'une classe possèdent les mêmes attributs, mais des valeurs d'attributs différentes.

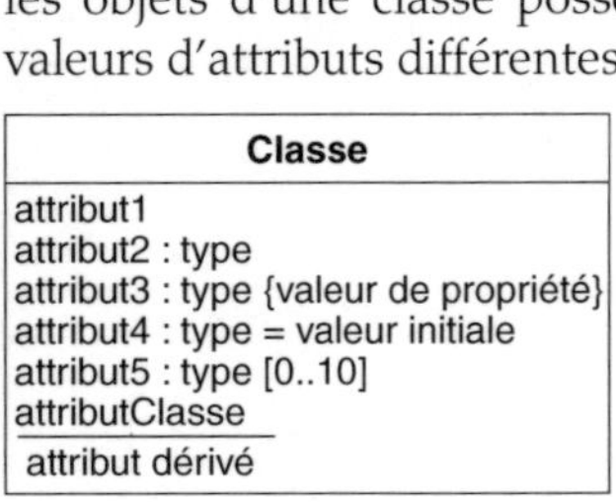

Les attributs sont spécifiés par une indication de type, de multiplicité, de valeur initiale et de valeurs de propriétés. Les types d'attribut (voir plus loin) peuvent être des types de données ou même des classes.

La multiplicité (*multiplicity*) peut être définie pour un attribut. Cette indication se fait entre crochets. Si la limite inférieure et la limite supérieure de la multiplicité sont identiques, un valeur unique est suffisante, par exemple `[5..5] = [5]`. Si la limite inférieure est nulle et que la limite supérieure est infinie, on a alors `[0..*] = [*]`. La multiplicité `[1] = [1..1]` signifie que l'attribut possède une valeur unique. Dans ce cas, cette valeur doit être saisie lors de la création de l'objet d'une classe. En l'absence d'indication de multiplicité, `[1]` est le paramètre par défaut. S'il faut indiquer explicitement qu'il s'agit d'un attribut optionnel pouvant recevoir une valeur, il convient de saisir la multiplicité `[0..1]`. Si la limite supérieure de la multiplicité est supérieure à 1, il s'agit d'un attribut pouvant être composé de plusieurs valeurs.

La valeur initiale (*initial value*) détermine la valeur qu'un objet nouvellement créé accepte pour cet attribut. Cette valeur peut être modifiée ultérieurement.

Les valeurs de propriété (*property values*) spécifient si les attributs possèdent certaines propriétés ou caractéristiques. Elles sont indiquées entre accolades ; les différentes valeurs de propriété sont séparées par une virgule. Pour les attributs, UML propose par exemple les valeurs d'attribut suivantes :

- **`{readOnly}`** - L'attribut ne peut pas être modifié.
- **`{ordered}`** - Quand un attribut est composé de plusieurs valeurs, cette valeur de propriété indique qu'elles sont ordonnées. Si un attribut n'est composé que d'un élément, cette valeur de propriété est sans effet.

Le nom d'attribut doit être unique dans le contexte de la classe. En dehors de la classe, on utilise la désignation `Classe.attribut`. Un nom d'attribut commence par une minuscule et n'est pas limité en termes de caractères. Si le nom d'attribut compte plusieurs mots, les conventions de nommage d'UML recommandent de commencer chaque mot, à l'exception du premier, par une majuscule.

Il y a attribut de classe (*class scope attribute*) quand il n'existe qu'une seule valeur d'attribut pour tous les objets d'une classe. Il y a également attribut de classe quand il n'existe pas encore d'objet pour une classe. Pour distinguer les attributs de classe des attributs d'objet, on souligne les attributs de classe (par exemple `attributClasse`).

La valeur de l'attribut dérivé (*derived attribute*) peut être calculée à tout moment à partir d'autres valeurs d'attribut. Les attributs dérivés sont caractérisés par le préfixe /. Un attribut dérivé ne peut pas être modifié.

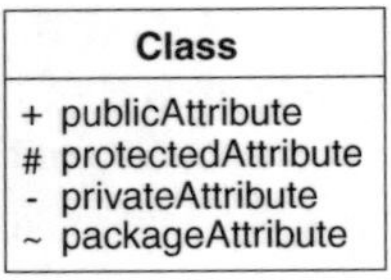

Dans la modélisation, la visibilité (*visibility*) est précisée pour chaque attribut. Il existe quatre niveaux de visibilité :

- *public* – Visible pour toutes les classes.
- *protected* – Visible pour toutes les sous-classes d'une classe.
- *private* – Visible seulement au sein de la classe.
- *package*– Visible au sein du package.

Type d'attribut

En UML, le type d'attribut peut être modélisé via :

- les types de données ;
- les types de données primitifs en tant que cas particulier de types de données ;
- les types d'énumération en tant que cas particulier de types de données ;
- les classes.

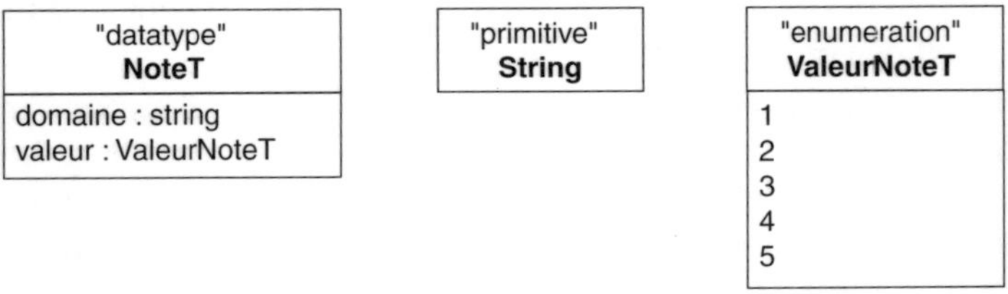

Les types de données sont des types dont les valeurs ne possèdent pas d'identité. C'est la principale différence avec les classes, dont les objets possèdent toujours une identité. L'identité de l'objet, qui n'est pas toujours disponible, implique que les valeurs d'un type de données ne peuvent exister qu'à l'intérieur d'un objet auquel elles appartiennent. De plus, chaque valeur n'existe qu'une fois. Prenons un exemple : si le chiffre 7 se présente plusieurs fois, il s'agit toujours du même chiffre. Les types de données peuvent, comme les classes, posséder des attributs et des opérations. Pour la notation, on utilise le symbole de classe. De plus, les types de données sont caractérisés par le stéréotype `"datatype"`. Les types de données sont généralement utilisés pour décrire les structures.

Un type de données primitif (*primitive datatype*) est un type de données prédéfini ne possédant pas de structure. Il est également modélisé dans la notation de classe et caractérisé par le stéréotype `"primitive"`.

Les types de données primitifs en UML sont les suivants, en sachant que d'autres peuvent être proposé dans les outils UML.

- **`Boolean`** - Peut accepter les valeurs `true` et `false`.
- **`String`**
- **`Integer`** - Nombres entiers.
- **`UnlimitedNatural`** - Nombres naturels.

Un type d'énumération (*enumeration datatype*) définit une quantité finie de valeurs. Il est caractérisé par le stéréotype `"enumeration"`. Les valeurs du type d'énumération peuvent être librement choisies.

Opération

Une opération (*operation*) est une activité exécutable. Tous les objets d'une classe utilisent les mêmes opérations. Chaque opération peut directement accéder à tous les attributs d'un objet de la classe. L'ensemble des opérations est appelé « comportement » de la classe.

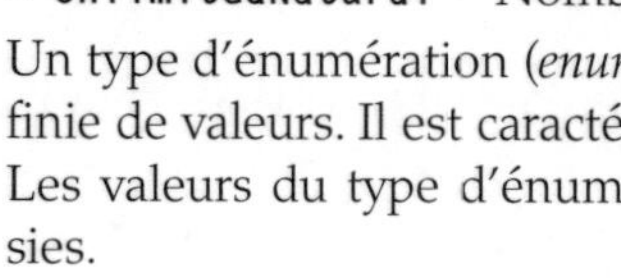

Le nom de l'opération doit exprimer l'action de l'opération. Il contient donc généralement un verbe, comme `déplace()` ou `augmenteSalaire()`. Le nom doit être unique dans le contexte de la classe. En dehors de la classe, l'opération s'écrit `Classe.operation()`.

Une opération de classe (*class scope operation*) est une opération affectée à ladite classe. Elle ne peut pas être utilisée sur un objet particulier de la classe. Elle est soulignée.

Une opération abstraite se compose uniquement de la signature. Elle ne possède pas d'implémentation. Les opérations abstraites sont utilisées pour définir une signature commune aux sous-classes. En UML, les opérations abstraites sont saisies en *italique* ou bien, en cas de modélisation manuelle, entre accolades : `{abstract}`.

La signature (*signature*) d'une opération se compose du nom de l'opération, du nom et des types des paramètres et du type de résultat.

`Visibilité opération (liste des paramètres) : type de résultat {valeurs de propriété}`

Pour chaque paramètre de la liste des paramètres, ceci est vrai :

`[in | out | inout | return] nom : type [multiplicité] = valeur initiale {valeurs de propriété}`, `in` étant un paramètre par défaut.

La valeur de retour d'une opération peut être spécifiée comme paramètre *return* ou comme type de résultat.

Exemple : `toString(return:String)` équivaut à `toString(): String`.

Les valeurs de propriété suivantes sont définies pour les opérations :

- **`{redefines <operation>}`** - L'opération redéfinit une opération héritée.
- **`{query}`** - L'opération ne modifie pas de données du système.
- **`{ordered}`** - Les valeurs du paramètre de résultat sont ordonnées.
- **`{unique}`** - La valeur de retour du paramètre de résultat est unique.
- **`{contrainte}`** - Il s'agit de la restriction que doit respecter l'opération.

Les différentes valeurs sont séparées par une virgule : `{query, unique}`.

Dans la modélisation, la visibilité est spécifiée de la même manière que pour les attributs.

Association

Entre les objets de différentes classes, il peut exister des liens (*links*). Pour décrire tous les liens similaires, on a recours au concept d'association (*association*). De même que les objets sont des instances d'une classe, les liens sont des instances d'une association. Un lien implique deux objets au moins. Ces deux objets peuvent faire partie de la même classe. Dans ce cas, on parle d'association réflexive. Une association est décrite via un nom d'association optionnel ou un nom de rôle. En outre, la navigabilité peut être spécifiée.

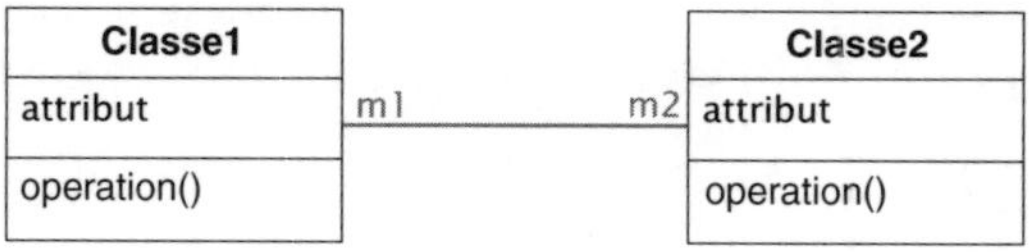

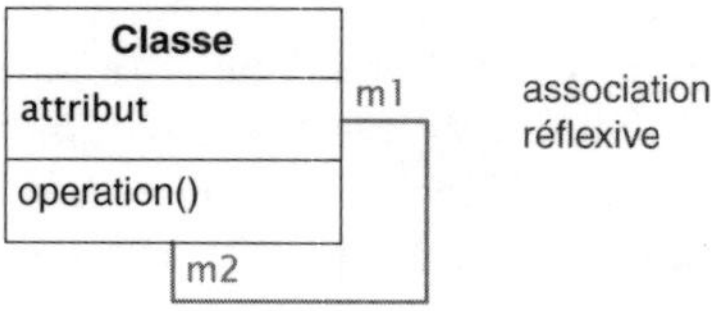

Multiplicité

Si une ligne d'association spécifie simplement que les objets des classes impliquées se connaissent, la multiplicité spécifie *le nombre* d'objets que connaît un objet particulier.

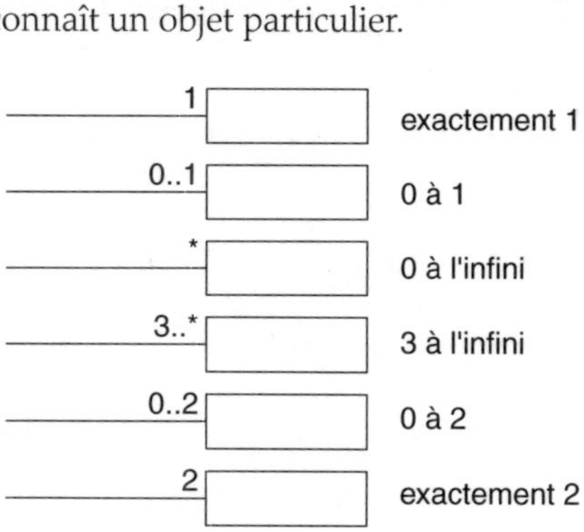

Nom d'association et nom de rôle

Les associations peuvent être nommées. D'une manière générale, le nom ne décrit qu'une orientation de l'association, un triangle noir indiquant le sens de lecture (pour la figure, veuillez vous reporter à la section Contraintes). Il n'est pas nécessaire d'indiquer le nom quand la signification de l'association est évidente. Tandis que le nom de l'association décrit la sémantique de l'association, le nom de rôle contient des informations sur la signification d'une classe – ou sur ses objets – dans l'association. Une association binaire possède un maximum de deux rôles. Le nom de rôle est saisi à une extrémité de l'association, en regard de la classe, dont elle décrit plus précisément la signification dans l'association.

Visibilité

Les langages de programmation orientés objet ne connaissent pas le concept d'association. C'est pourquoi les extrémités d'une association sont réalisées en tant qu'attributs. Pour cette raison, il est judicieux de spécifier la visibilité (*visibility*) des extrémités d'une association. Ces données sont spécifiées avant les noms de rôles. Elles ne sont toutefois autorisées que dans le cas d'extrémités d'associations navigables (voir la section Navigabilité).

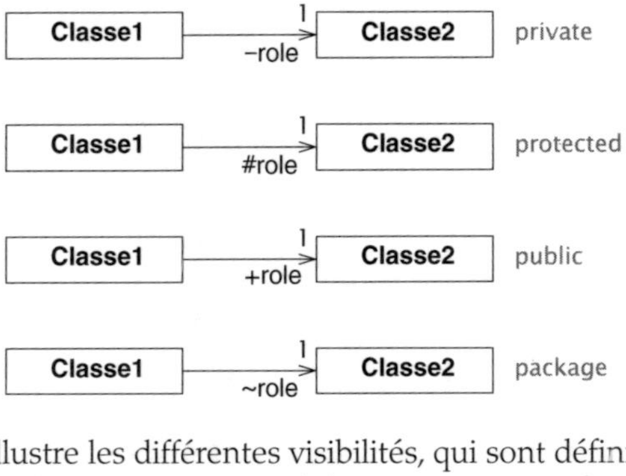

La figure illustre les différentes visibilités, qui sont définies comme pour les attributs. `Classe2` possède, en association avec `Classe1`, le nom de rôle `role`, devant lequel est spécifié la visibilité optionnelle. `role` pourrait également être modélisé avec le type `Classe2` comme attribut de `Classe1`.

Contraintes

Les associations peuvent être complétées par des contraintes (*constraints*). UML propose quelques contraintes standard (comme `{xor}`). En outre, il est possible d'opter pour une formulation libre.

La contrainte `{xor}` implique qu'une palette, à un moment donné, est en relation soit avec un objet d'un rayonnage de grande hauteur soit avec un objet d'un box de stockage. Autrement dit : à un moment donné, il ne peut exister qu'un lien à partir de « palette ».

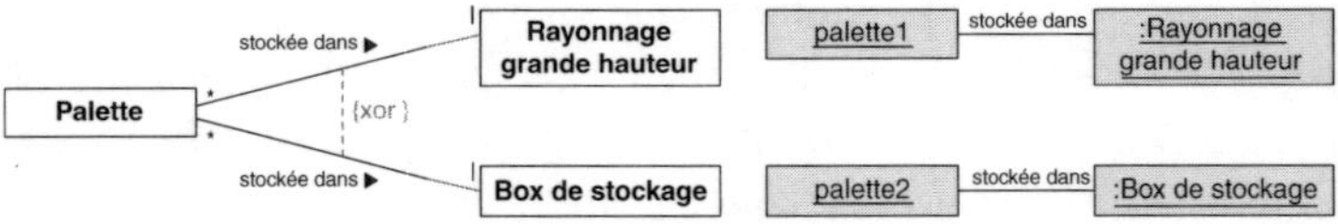

Classe d'association

Une association peut disposer des propriétés d'une classe : elle peut posséder des attributs, des opérations et des associations vers d'autres classes. Pour la représenter, on utilise le symbole de classe liée à l'association via une ligne en pointillés. On parle d'une classe d'association (*association class*). Le nom de la classe d'association peut être indiqué dans le symbole de classe lui-même ou sur la ligne d'association. Il peut également être indiqué deux fois. Une classe d'association possède les propriétés d'une classe *et* d'une association. L'avantage de cette modélisation est que l'association initiale entre deux classes est bien visible dans le modèle. Chaque classe d'association peut être transformée en deux associations et une classe autonome.

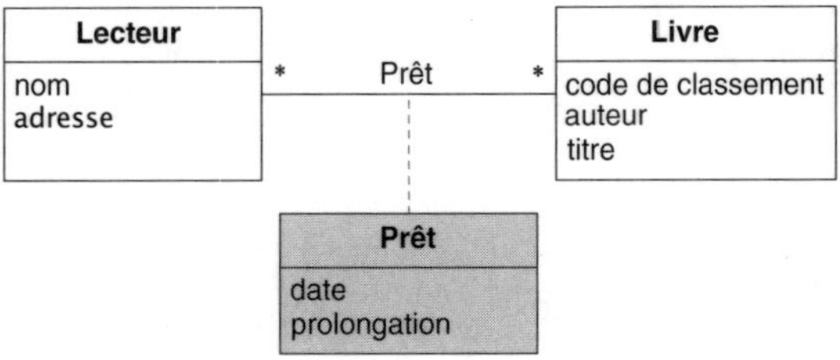

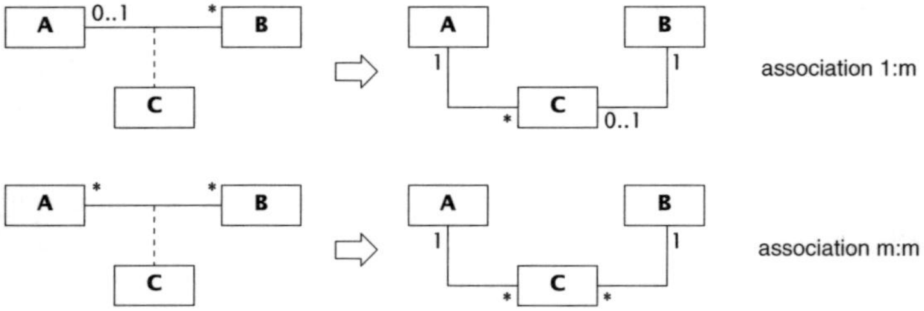

Association qualifiée

UML permet la modélisation d'associations qualifiées entre les deux classes `Article` et `Catalogue`. Le qualificatif (*qualifier*) est indiqué sous forme de petit rectangle apposé sur un côté de l'association (de la classe `Catalogue` en l'occurrence). Cette indication modifie l'interprétation de l'association de la manière suivante : une instance de `Catalogue` peut, avec le qualificatif, sélectionner certaines instances de la classe `Article`. On peut également dire que le qualificatif découpe en partitions les objets de la classe située en regard. La multiplicité spécifiée à la classe `Article` indique le nombre d'instances de chaque partition. Les multiplicités typiques des associations qualifiées sont les suivantes :

- **0..1** – Un objet unique peut être sélectionné, mais ce n'est pas une nécessité.
- **1** – Chaque qualificatif sélectionne un objet et un seul.
- ***** – Le qualificatif divise la quantité d'objets en quantités partielles.

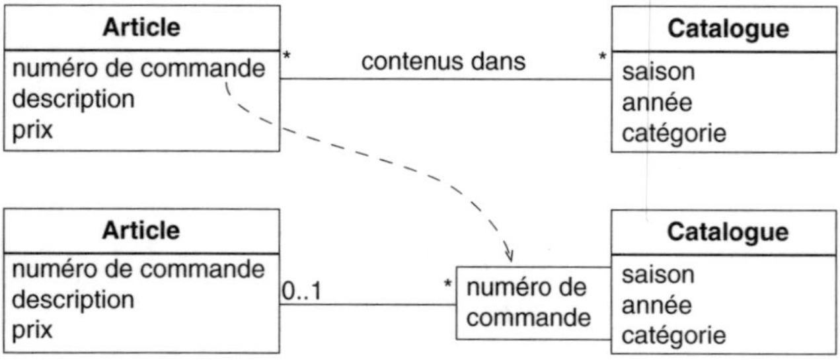

Agrégation et composition

UML connaît trois types d'associations :

- l'association simple ;
- l'agrégation ;
- la composition.

Il y a agrégation (*shared aggregate*) quand il existe une relation *whole-part* (« tout-partie ») entre les objets des classes concernées. L'objet-partie (un chapitre, par exemple), appelé « composant », peut être contenu dans plusieurs agrégats (livres hypertextes, par exemple).

La composition (*composite aggregate*) est une agrégation forte. En plus de la relation *whole-part,* les conditions suivantes doivent être réunies :

- À un moment donné, une instance de composant ne peut être liée qu'à un seul agrégat. Toutefois, cela n'empêche pas un composant d'être affecté à un autre agrégat. Par exemple, un fichier ne peut se trouver que dans un seul dossier à la fois, mais il peut être déplacé d'un dossier à l'autre.
- Le tout est responsable de la création des parties. Autrement dit, lors de la création de l'agrégat, des composants peuvent également être créés.
- Si l'agrégat est détruit, ses composants le sont également. Un composant n'est toutefois pas indissociable de l'agrégat auquel il appartient : il peut être préalablement affecté à un autre agrégat.

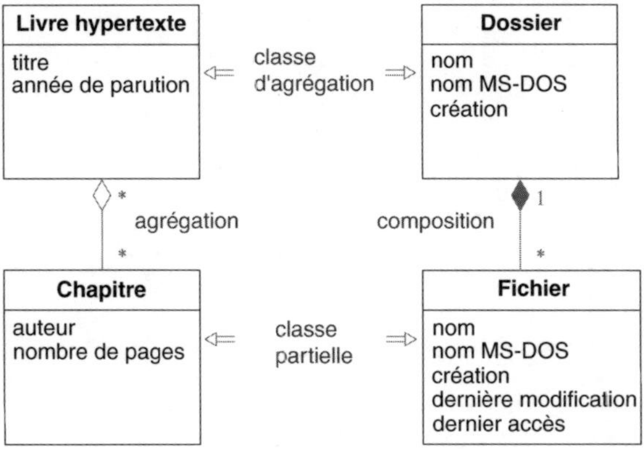

Dans les deux cas, un losange caractérise l'agrégat. Dans le cas de l'agrégation, il s'agit d'un losange blanc ou transparent ; dans le cas de la composition, il s'agit d'un losange noir ou plein. Toutes les autres données (multiplicités, noms, rôles, contraintes, etc.) sont spécifiées de manière analogue à l'association.

Navigabilité

Pour les associations, on peut en plus modéliser la navigabilité (*navigability*). S'il existe une association entre une classe A et une classe B, et si cette association de A et B est navigable, alors les objets de A peuvent accéder aux objets de B, mais pas l'inverse. Le sens de navigabilité d'une association est déterminé par les accès nécessaires dans le diagramme de classes lors de l'exécution des opérations.

La ligne simple entre les classes C1 et C2 signifie que la navigabilité n'est pas spécifiée. La flèche entre les classes C3 et C4 indique que les objets C3 possèdent une référence tandis que l'autre sens n'est pas encore défini. Il s'agit ici d'une association unidirectionnelle ou orientée de C3 vers C4. Il est également possible d'exclure explicitement la navigabilité. Le x entre les classes C5 et C6 indique que les objets C6 n'ont pas de référence aux objets C5. Une double flèche entre les classes C7 et C8 indique une association bidirectionnelle, c'est-à-dire que les objets de C7 possèdent une référence aux objets de C8 et inversement.

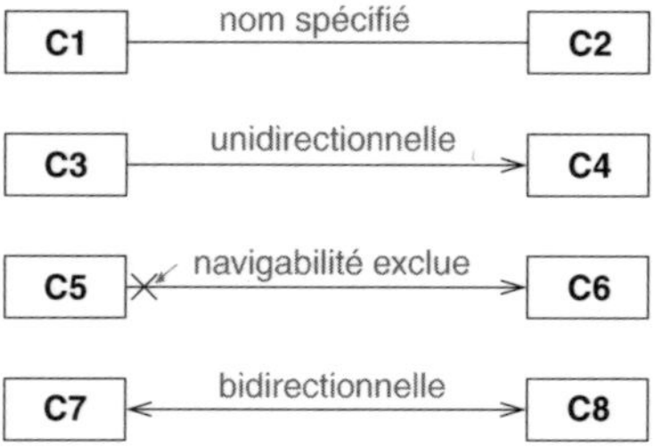

Association dérivée

Il y a association dérivée (*derived association*) quand des dépendances identiques sont décrites par d'autres associations.

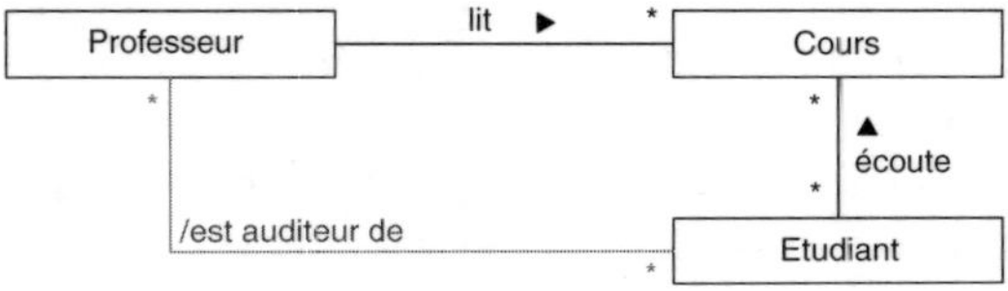

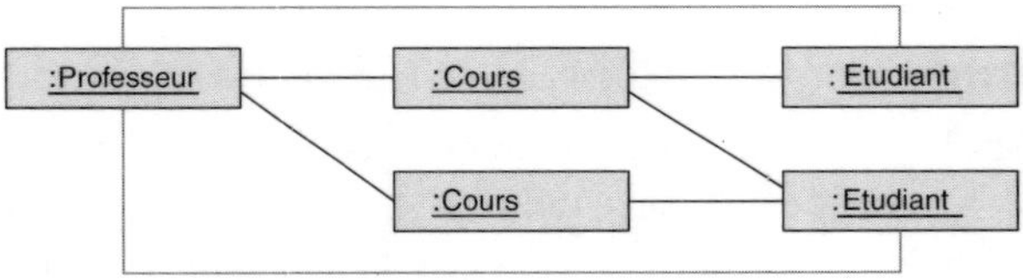

Généralisation

La généralisation (*generalization*) décrit une relation entre une classe générale (classe de base) et une classe spécialisée. La classe spécialisée est intégralement cohérente avec la classe de base, mais comporte des informations supplémentaires (attributs, opérations, associations). Un objet de la classe spécialisée peut être utilisé partout où un objet de la classe de base est autorisé. On parle d'une hiérarchie de classe ou d'une structure de généralisation. La classe générale est également appelée « super-classe » (*superclass*), la classe spécialisée étant aussi appelée « sous-classe » (*subclass*).

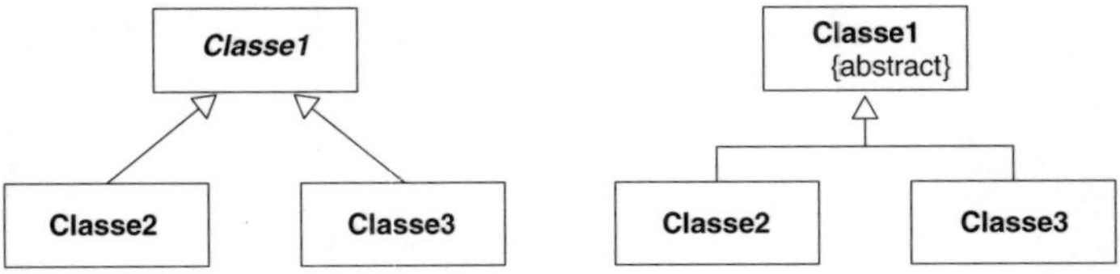

Classe abstraite

Dans la modélisation, de nombreuses structures de généralisation contiennent des classes abstraites et des interfaces. L'objectif principal d'une classe abstraite est de mettre à disposition des sous-classes les opérations et propriétés communes. L'avantage de la classe abstraite par rapport à l'interface est qu'elle peut également contenir des opérations « complètes » qui peuvent être réalisées par une implémentation et transmises aux sous-classes. L'objectif principal d'une interface (*interface*) est de fixer les signatures d'une ou de plusieurs opérations qui peuvent ensuite être réalisées par toutes les sous-classes.

Héritage

- Si tous les objets de `SuperClass` possèdent un `attributA`, alors tous les objets de `SubClass` le possèdent également. La spécification de cet attribut est également valable dans la sous-classe. La valeur de `attributA` n'est, elle, pas héritée.
- Toutes les opérations utilisées sur les objets de `SuperClass` sont également utilisables sur les objets de `SubClass`. Il en va de même pour les opérations de classe.
- Si une `SuperClass` possède un attribut de classe avec la valeur `V`, alors `SubClass` possède cet attribut de classe avec la valeur `V`.
- S'il existe une association entre `SuperClass` et une classe `AnyClass`, cette association est transmise à `SubClass`.
- On peut utiliser `operationA()` et `operationB()` sur les objets de `SubClass`.

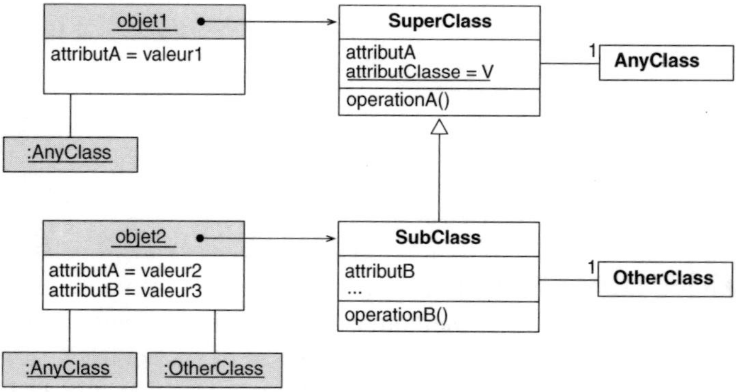

Ensemble de généralisation

Une généralisation peut également être spécifiée par un ensemble de généralisation (*generalization set*). Il indique les critères selon lesquels la structure de généralisation va être créée. Les sous-classes d'une super-classe peuvent posséder divers ensembles de généralisation spécifiés sur les flèches de généralisation correspondantes. Si toutes les flèches de généralisation possèdent la même caractéristique de différenciation, alors les sous-classes forment une spécialisation homogène.

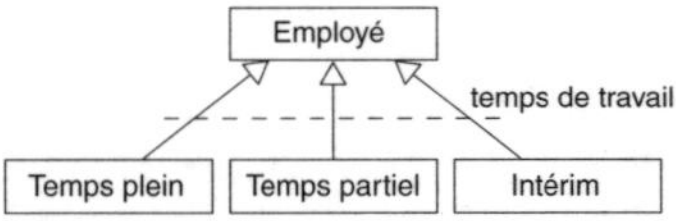

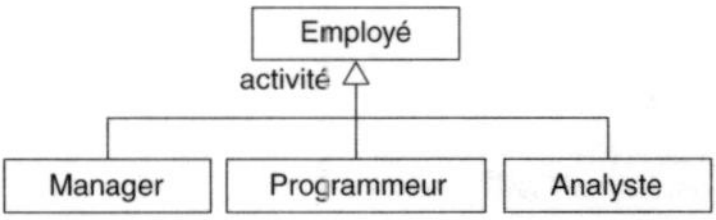

Package

Un package est un mécanisme d'organisation d'éléments (des classes par exemple). Un package peut être imbriqué dans un autre package. Utilisé pour regrouper les éléments, le concept de package permet de décrire la structure du système à un niveau d'abstraction supérieur.

Le package est représenté par un rectangle surmonté d'un onglet. Lorsque le contenu du package n'est pas affiché, le nom du package figure dans le rectangle. Dans le cas contraire, il figure dans l'onglet.

Chaque classe (et d'une manière générale, chaque élément de modèle) appartient à un package maximum. En revanche, on peut y faire appel dans plusieurs autres packages. Un package définit un espace de noms (*namespace*) pour tous les éléments de modèle qu'il contient. Si la classe d'un package donné est utilisée dans un autre package, le nom de classe est du type `package::Classe`. Dans ce cas, on parle d'un « nom qualifié ». Dans le cas de packages imbriqués, les noms de packages – séparés par `::` – sont placés devant le nom de classe, sur le modèle `package1::package11::package111::Classe`.

On peut définir la visibilité des éléments contenus dans un package par :

- + – Élément *public*, visible pour tous les packages qui importent le package concerné.
- – – Élément *private*, seulement visible dans le package concerné.

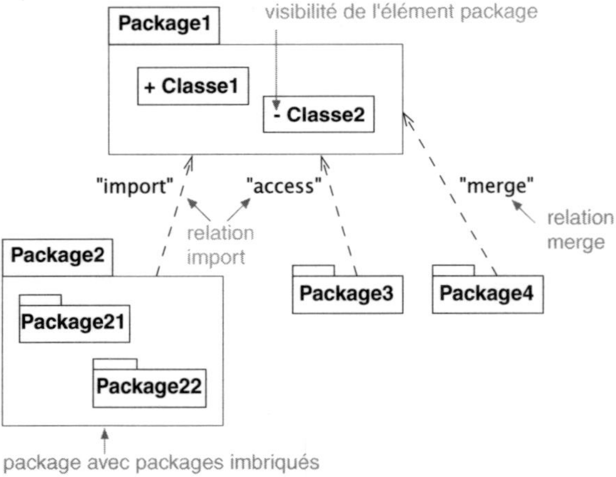

Le nom qualifié peut à tout moment accéder à l'élément *public* en dehors du package. Si aucune visibilité n'est spécifiée pour un élément, la visibilité qui prévaut est la visibilité *public*.

Il peut exister une relation *import* entre deux packages, représentée par une flèche dotée des stéréotypes `"import"` ou `"access"`. La flèche pointe vers le package devant être importé. Quand une importation de package (*package import*) est spécifiée, alors les éléments du package importé peuvent être utilisés sans nom qualifiant dans le package important.

Dans la figure, `"import"` décrit une importation *public* entre `Package2` et `Package1`. Cela signifie que la visibilité de la classe n'est pas affectée par l'importation. `"access"` caractérise une importation *private* entre `Package3` et `Package1`. Dans `Package3`, on peut accéder à `Classe1` sans nom qualifié. Sa visibilité est pourtant *private* dans `Package3`. C'est pourquoi ces accès *ne* peuvent *pas* être transmis via une autre relation *import*.

Tandis que l'importation de packages ne simplifie que l'accès aux éléments de packages, l'interclassement de package (*package merge*) copie les éléments du package cible dans le package source, où ils peuvent être modifiés. Un interclassement de package entre le package source `S` (qui récupère après l'interclassement les classes « mélangées ») et un package cible `C` (dont les éléments sont « mélangés » dans le package source) obéit aux règles suivantes :

- Si le package cible `Ci` contient une classe `Cl` et que le package source `So` ne contient pas de classe de ce nom, alors la classe `Cl` est ajoutée dans le package `So`.
- Si `Ci` contient une classe `Cl`, alors la classe `Ci::Cl` est ajoutée dans `So`, qui constitue une super-classe de la classe `Cl`, que `So` contienne une classe `Cl` ou non.

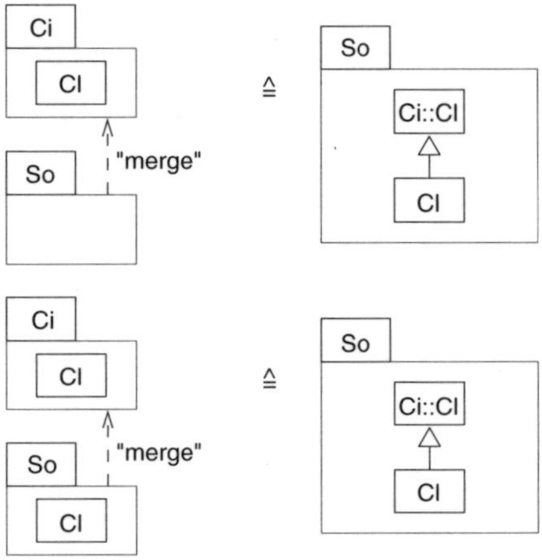

Les packages et leurs dépendances (*import, merge*) sont représentés dans le diagramme de packages.

Diagrammes UML

Diagramme de classes

Un diagramme de classes (*class diagram*) représente les classes avec les attributs et les opérations ainsi que la généralisation et les associations entre les classes.

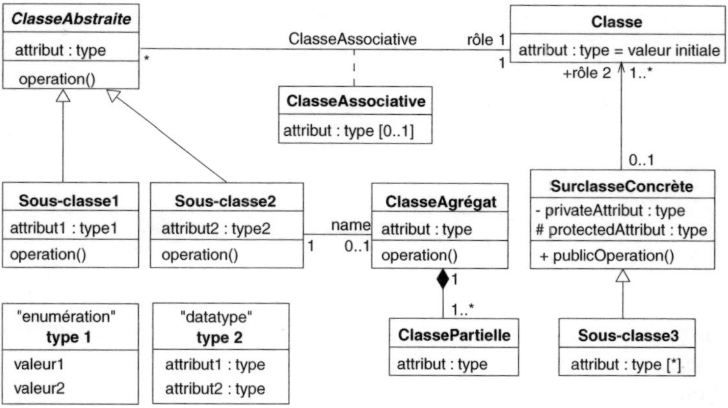

Diagramme de cas d'utilisation

Un cas d'utilisation (*use case*) décrit la fonctionnalité du système logiciel qu'un acteur doit exécuter pour obtenir un certain résultat ou pour atteindre un objectif. Les cas d'utilisation doivent permettre de discuter avec l'utilisateur futur des fonctionnalités du système logiciel sans se perdre dans les détails.

Un acteur (*actor*) est un rôle joué par l'utilisateur du système logiciel. Les acteurs peuvent être des personnes physiques comme des systèmes automatisés. Ils se trouvent obligatoirement à l'extérieur du système.

Le diagramme de cas d'utilisation (*use case diagram*) donne, à un niveau d'abstraction supérieur, un bon aperçu du système logiciel et de son interface. Les acteurs sont souvent spécifiés sous forme de personnages stylisés. Ils peuvent également être représentés par un rectangle doté du stéréotype "actor" ou par un pictogramme (par exemple un symbole d'ordinateur). Les cas d'utilisation sont généralement modélisés sous forme d'ellipse. Le nom peut figurer à l'intérieur de l'ellipse ou au-dessous. Les cas d'utilisation peuvent éventuellement être représentés par un rectangle doté d'un pictogramme d'ellipse.

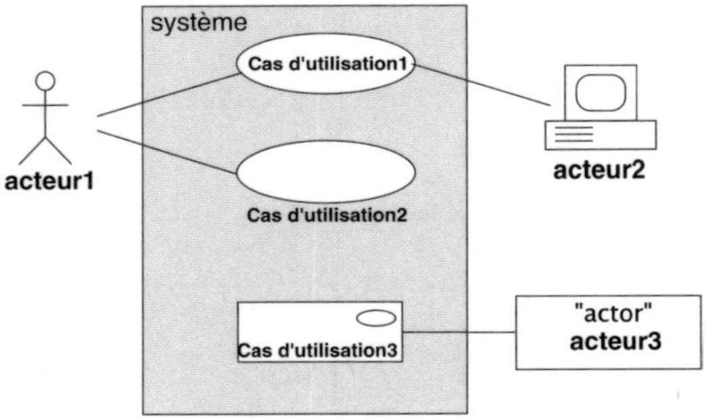

Une ligne entre un acteur et un cas d'utilisation signifie qu'une communication est établie. Elle est modélisée sous forme d'association en UML. Le système observé (*subject*) est modélisé dans le diagramme de cas d'utilisation sous forme de grand rectangle comprenant tous les cas d'utilisation.

À l'aide de la relation *extend* (*extend relationship*), un cas d'utilisation A est complété par un cas d'utilisation B. Le cas d'utilisation A décrit la fonctionnalité de base, le cas d'utilisation B spécifie les extensions. Le cas d'utilisation A peut être exécuté seul ou avec les extensions. Les points d'extension (*extension point*) indiquent les emplacements auxquels le cas d'utilisation A de base est complété. Pour qu'une extension soit ajoutée, il faut qu'une condition soit remplie. Cette condition peut au besoin être spécifiée sous forme de note ou de commentaire attaché à la relation *extend*.

La relation *include* (*include relationship*) permet à la fonctionnalité commune des cas d'utilisation A et B d'être décrite par un cas d'utilisation C. Le cas d'utilisation C n'est pas optionnel : il est *toujours* nécessaire pour la bonne exécution de A et de B. La relation *include* évite la description multiple du même comportement. Contrairement à la relation *extend,* l'exécution du cas d'utilisation C n'est dépendante d'aucune condition.

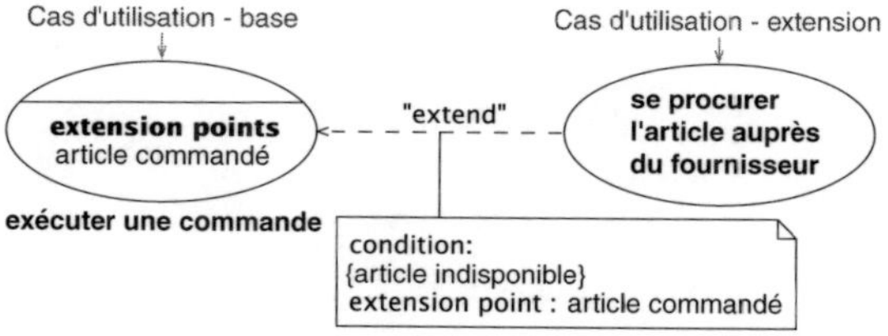

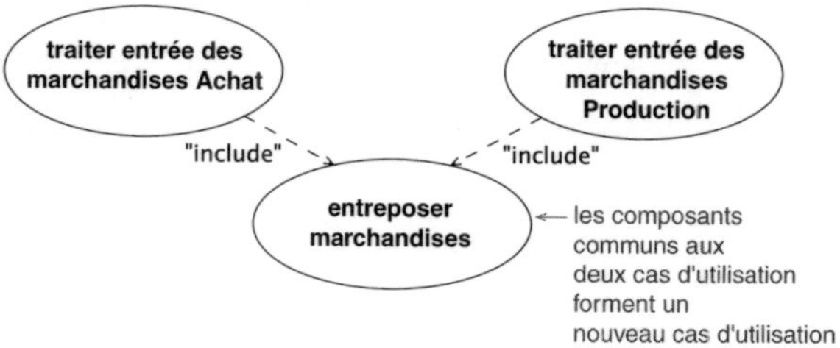

Il est en outre possible de modéliser une généralisation entre deux cas d'utilisation ou deux acteurs. Comme pour les classes, l'élément spécialisé hérite de toutes les propriétés de l'élément général.

Diagramme d'activité

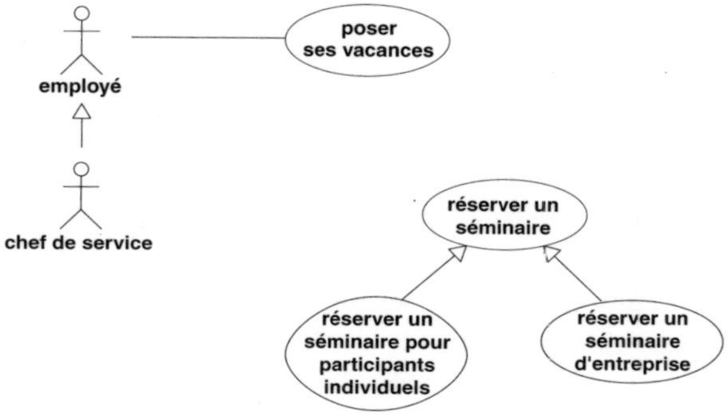

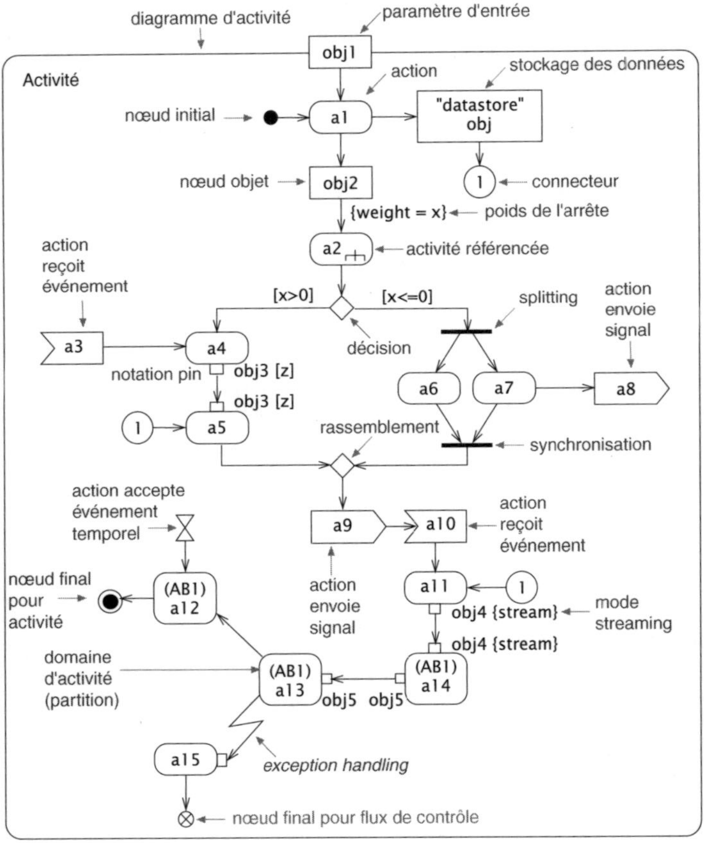

Une activité (*activity*) décrit l'exécution de fonctionnalités ou de comportements. Elle est modélisée par plusieurs nœuds reliés par des flèches. On distingue les nœuds d'action, les nœuds de contrôle et les nœuds objets. Les activités possèdent tant un modèle de flux de contrôle qu'un modèle de données. Le modèle de flux de contrôle spécifie l'ordre des fonctions ; le modèle de données spécifie, quant à lui, les données échangées entre les fonctions. L'activité est un nouveau concept d'UML 2. Elle est modélisée dans un diagramme d'activité (*activity diagram*).

La plus petite unité de fonction exécutable au sein d'une activité est l'action (*action*). Elle est représentée sous forme de rectangle aux angles arrondis. Ce rectangle contient le nom ou une brève description de l'action. Si une action est un appel d'activité, alors un petit symbole de fourchette est apposé en bas, à droite.

En plus du nœud d'action, une activité peut contenir un nœud de contrôle (*control node*) : décision et exécution pour la modélisation d'alternatives, répartition et synchronisation pour les spécifications de déroulements parallèles ainsi que nœuds initiaux et finaux. Par ailleurs, UML 2 propose un nœud final pour spécifier la fin d'un flux de contrôle.

Les nœuds objets (*object nodes*) permettent de porter les données d'une action à l'autre. Ils sont représentés par des rectangles et réalisent le modèle de données d'une activité. Le nom du nœud objet est porté dans le rectangle (le nom de classe, par exemple) avec, le cas échéant, l'état dans lequel se trouve l'objet. Les nœuds paramètres (paramètres d'entrée et de sortie) sont un type particulier de nœuds objets, portés aux extrémités d'une activité. Autre cas particulier : le stockage de données, qui modélise les données « dormantes ». Les nœuds objets peuvent éventuellement être utilisés dans un mode *streaming*. Cela signifie que les données sont créées ou utilisées en permanence.

En dehors de la notation sous forme de rectangle, les nœuds objets peuvent être modélisés sous forme de *pins*, de petits carrés appliqués sur le côté d'une action. Ils mettent des valeurs d'entrée à la disposition de l'action et reçoivent d'elle des valeurs de sortie. Le nom du nœud objet est spécifié à côté du *pin*.

Les actions attendant l'entrée d'un événement (externe) sont appelées *accept event actions*. Elles sont représentées par un pentagone concave. Une forme particulière : les actions qui attendent un événement temporel (*accept time event actions, wait time action*). Une action de ce type est symbolisée par un sablier. À l'opposé de l'attente d'un événement : une action envoyant un signal à un objet cible destiné à déclencher un processus. L'émetteur du signal, c'est-à-dire l'action d'envoi du signal (*signal send action*), est représenté par un pentagone convexe. L'émetteur du signal et le récepteur de l'événement peuvent être combinés. Par exemple :

une action peut envoyer un signal de réception de paiement. Le paiement en réception est interprété en tant qu'événement externe qui est traité par le récepteur d'événements.

Les partitions d'activité (*activity partition*) regroupent les partitions possédant certaines caractéristiques communes, comme une unité organisationnelle, un lieu, un domaine de responsabilité. Le nom des partitions est indiqué entre parenthèses dans les actions. On peut également utiliser la notation du couloir dans laquelle les zones d'activité sont séparées par des lignes parallèles. Les zones d'activité peuvent être couplées.

Diagramme d'interaction

Il existe plusieurs types de diagrammes d'interaction :

1. Diagramme de séquence ;
2. Diagramme de communication ;
3. Diagramme d'interaction globale ;
4. Diagramme de timing.

Diagramme de séquence

Un diagramme de séquence (*sequence diagram*) indique l'interaction entre plusieurs partenaires de communication. Chaque partenaire de communication est représenté par un rectangle (tête) doté d'une ligne, en pointillés éventuellement, et qui représente la durée de vie du partenaire de communication. Au lieu de « partenaire de communication », on parle également de « ligne de vie » (*lifeline*). Le nom du partenaire de communication est indiqué dans le rectangle. Contrairement à UML 1.x, ce nom *n*'est *pas* souligné. Le trait en pointillés d'une ligne de vie représente un axe temporel, orienté de haut en bas. Le diagramme de séquence est entouré d'un cadre rectangulaire contenant, en haut à gauche, le raccourci sd (*sequence diagram*), le nom de l'interaction et des paramètres possibles. UML 2 permet, à l'aide de fragments combinés, de décrire plus précisément les structures de contrôle, comme c'était le cas en UML 1.x. La figure représente les fragments combinés pour l'instruction *if-then-else*. Alternative : (opérateur `alt`) et la boucle *for* (opérateur `loop`).

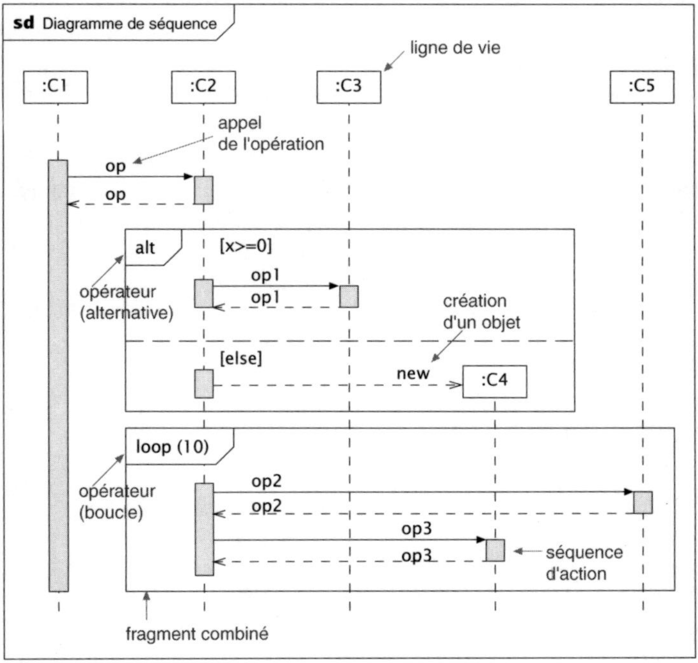

L'interaction entre deux partenaires de communication peut se produire via un message synchrone ou asynchrone. Dans le cas d'un message synchrone, l'expéditeur attend que le destinataire ait intégralement exécuté le traitement nécessaire. Le destinataire envoie ensuite un message de réponse à l'expéditeur, qui fait implicitement part de la fin du traitement et qui peut en outre contenir des données de réponse. Les messages synchrones sont souvent des appels d'opération, mais ils peuvent également être des signaux.

Dans le cas de messages asynchrones, l'expéditeur n'attend pas la fin du traitement par le destinataire : il continue en parallèle son propre traitement. Les messages asynchrones sont toujours réalisés par un signal.

Les messages synchrones sont représentés par une flèche à pointe fermée, les messages asynchrones par une flèche à pointe ouverte.

La réponse d'un message synchrone est une flèche en pointillés. La période pendant laquelle un partenaire de communication exécute le traitement exigé peut être modélisée par une barre grise ou transparente chevauchant le trait en pointillés (spécification d'exécution).

Il existe une particularité : le message de création d'un nouveau partenaire de communication, représenté par une flèche en pointillés, pointant vers le rectangle du partenaire de communication nouvellement créé. À l'opposé : la suppression d'un partenaire de communication (fin de la ligne de vie), modélisée par un X majuscule.

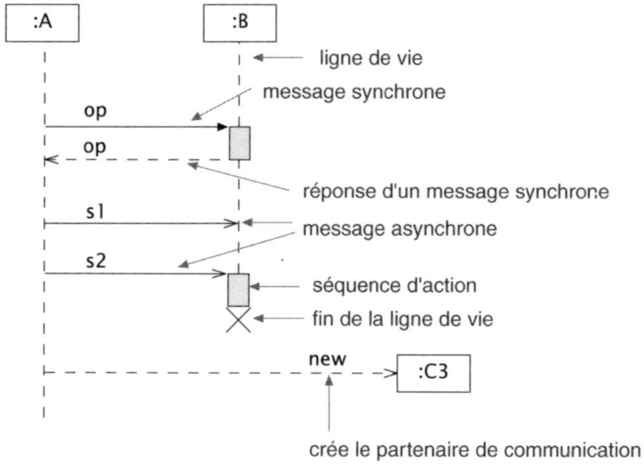

Dans le cas des messages du diagramme de séquence, les paramètres peuvent être spécifiés de manière optionnelle. Les valeurs des paramètres actuels sont données dans le même ordre que dans la spécification, les paramètres non pertinents pouvant être remplacés par un tiret. On peut également spécifier le nom des paramètres. Dans ce cas, seuls les paramètres pertinents sont indiqués, l'ordre ne jouant ici aucun rôle. Dans le message de réponse, les paramètres sont répétés. En outre, l'indication d'un paramètre de résultat et son assignation à un attribut ne sont pas possibles.

- `unMessage (10, "hello" , -, 20)` équivaut à : `unMessage (p1=10, p2="hello", p4=20)`
- `résultat = encoreUnMessage (15, par): 100`

Diagramme de communication

Alternative au diagramme de séquence : le diagramme de communication (*communication diagram*), désigné en UML 1.x en tant que diagramme de collaboration. La ligne de vie est définie comme dans un diagramme de séquence. On ne représente toutefois que la tête, pas le trait en pointillés. Les messages sont représentés par une ligne tracée entre les partenaires de communication. Deux flèches parallèles à pointes ouvertes indiquent la direction du message. Le nom et les paramètres des messages sont spécifiés dans le diagramme de séquence. Un numéro placé avant le message (séparé par deux points :) indique l'ordre. L'imbrication d'appel est modélisée par une notation de points hiérarchisée. Une exécution parallèle est caractérisée par des noms (ici a, b, etc.).

Exemples (voir figure) :

- **`1.1: n2`** - Est le premier message appelé à l'intérieur de `1:n1`.
- **`1.1: n2`** - Est exécuté avant `1.2:n3`.
- **`1.3a:n4` et `1.3b:n5`** - Peuvent être exécutés parallèlement, ce qui signifie que l'ordre n'est pas déterminé.

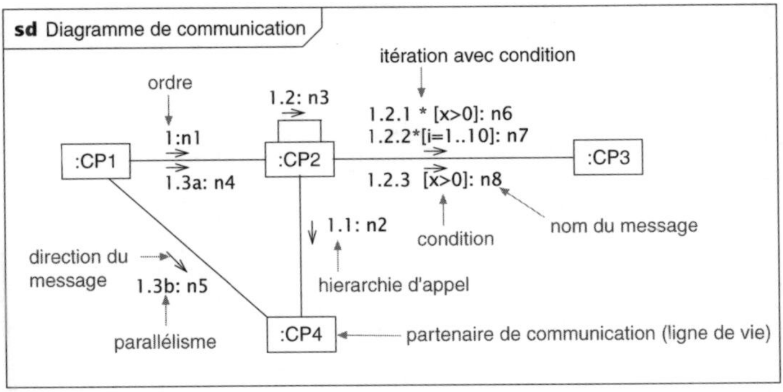

Contrairement au diagramme de séquence, les conditions et les itérations peuvent être décrites très simplement. UML n'impose pas de format pour spécifier ces conditions.

- **`* [x>0]:n6`** - Indique que le message `n6` est répété tant que x>0 (le minimum, ce sont les itérations zéro ; le maximum un nombre infini d'itérations).

- `* [i = 1..10]: n7` - Indique que le message `n7` a été exécuté 10 fois.
- `[x > 0]: n8` - Spécifie que le message `n8` ne peut être exécuté que quand x>0.

Diagramme d'interaction globale

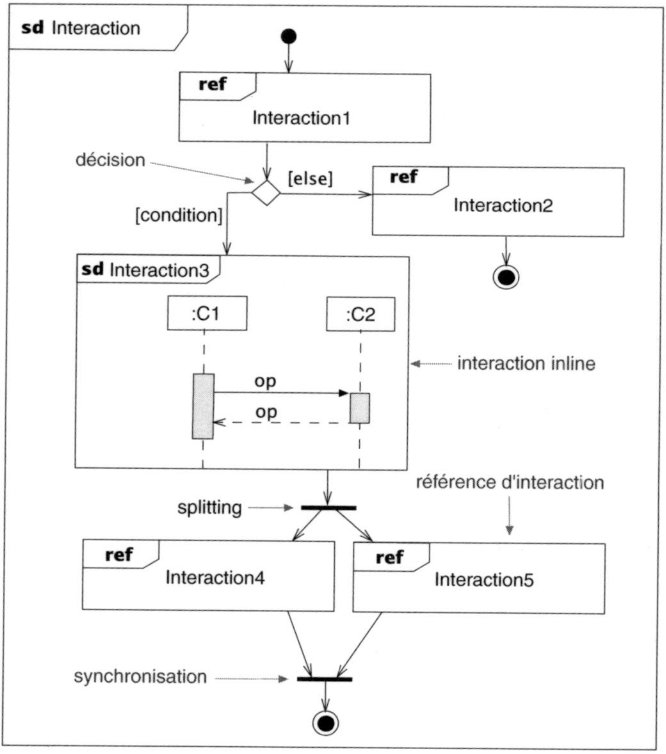

Le diagramme d'interaction globale (*interaction overview diagram*) est une variante du diagramme d'activité dans lequel chaque nœud décrit une interaction *inline* ou une référence d'interaction. Il indique la manière dont plusieurs interactions coopèrent et facilite l'aperçu des interactions complètes. Dans les cas extrêmes, ce diagramme ne contient que des références d'interaction et ne montre ni message ni ligne de vie.

Au lieu d'utiliser des fragments combinés pour la sélection, le parallélisme et l'itération, ce diagramme utilise le losange (décision et exécution adéquate), la barre (répartition et synchronisation) et des cycles simples. Les nœuds de contrôle doivent être couplés avec précision. Dans ce cas, ce diagramme est plus restrictif que le diagramme d'activité.

Diagramme de timing

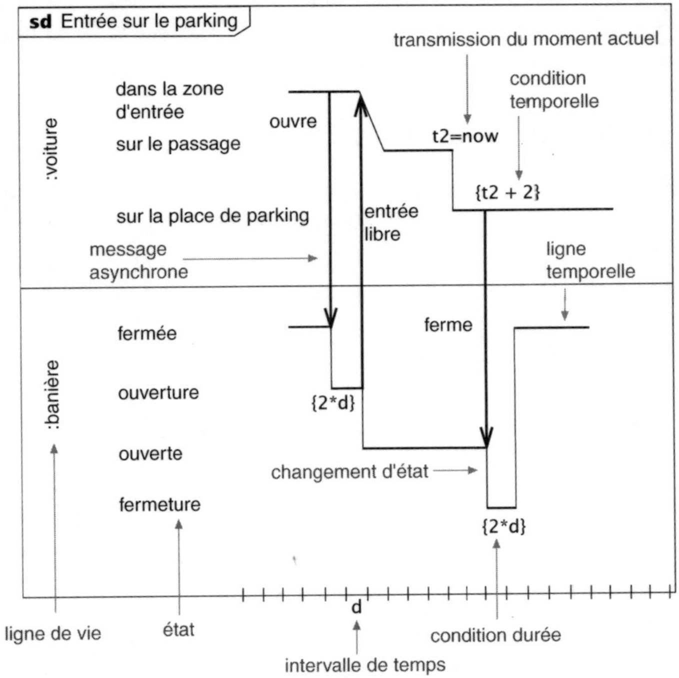

Le diagramme de timing (*timing diagram*) compte deux dimensions : la dimension verticale, qui indique les partenaires de communication impliqués (lignes de vie) et leur état ; et la dimension horizontale, qui porte un axe temporel pouvant être gradué. C'est un bon complément aux diagrammes de classes et d'états.

Une ligne de temps (*time line*) désigne la période pendant laquelle tel partenaire de communication se trouve dans tel état. Dans un processus horizontal, le partenaire de communication se trouve dans l'état du moment. Dans un processus vertical ou incliné, il change d'état, la durée étant ici significative. Les messages décrivent la communication entre les lignes de vie. Un message est souvent déclenché par un changement d'état. Par ailleurs, le message déclenche généralement un changement d'état chez le destinataire.

UML offre une autre notation pour les diagrammes de timing, le *general value lifeline*. Les états y sont affichés sur la ligne horizontale et les changements d'état aux points de croisement.

Diagramme d'états

Une machine à états finis (*finite state machine*) se compose d'états et de transitions. Un état est une période durant laquelle un objet attend un événement – l'objet demeure un certain temps dans ledit état. L'objet se retrouve dans un état suite à un événement.

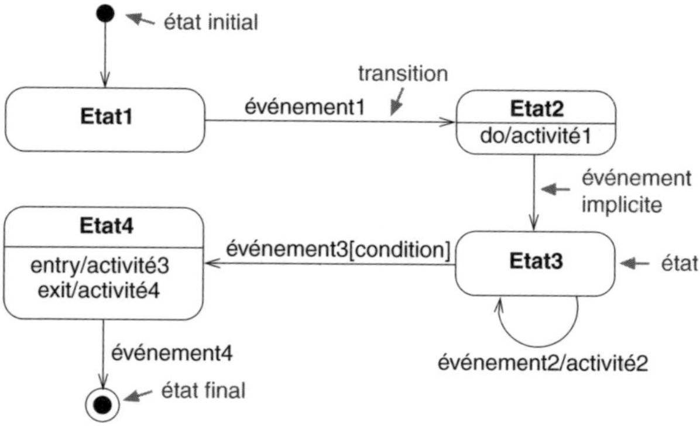

Un événement se produit toujours à un moment donné et ne possède pas de durée. Un objet peut traverser successivement plusieurs états. L'objet se trouve dans un état et un seul, à un moment donné. Dans l'orientation objet, on utilise le diagramme d'états (*state machine diagram*) pour la représentation graphique de la machine à états.

Le nom de l'état est facultatif. Les états sans nom s'appellent les « états anonymes » et diffèrent les uns des autres. En revanche, un « état nommé » peut, pour davantage de lisibilité, figurer plusieurs fois dans le diagramme. Les états sont tous identiques. Au sein d'une machine à états, le nom de chaque état doit être unique.

Un traitement peut être lié à une transition. Il est modélisé par un effet d'activité. Si l'on considère que l'état offre un certain repos à l'objet, la transition, elle, ne possède pas de durée. De fait, les effets d'activités qui sont attachés à une transition ne possèdent pas de durée non plus.

Les activités peuvent également s'inscrire dans un état. Un effet d'activité *entry* est exécuté dès que l'objet se trouve dans l'état concerné et se termine de lui-même. Pour les activités *entry*, la durée ne joue pas non plus de rôle. Chaque état peut posséder un maximum d'une activité *entry*. De même, un état ne peut posséder qu'une activité *exit*. Elle est exécutée avant que l'objet ne quitte l'état concerné, suite à la survenance d'un événement. En outre, une activité *do* peut être liée à un état. Une activité *do* commence quand un objet entre dans un état et termine quand il le quitte.

L'état initial (*initial pseudo state*) caractérise le point de départ de l'exécution de machines à états. Il est représenté par un point. L'état final (*final state*), quant à lui, est représenté par un point entouré d'un anneau.

Une transition relie deux états. La transition est représentée par une flèche. Une transition ne peut pas être interrompue. Elle est toujours terminée par un événement. Si un événement se produit et que l'objet ne se trouve pas dans l'état dans lequel il peut réagir, l'événement est ignoré. En général, un changement d'état est lié à une transition. Il arrive également que l'état initial et l'état suivant soient identiques. Dans ce cas, on parle de transition propre (*self transition*). Les activités *entry* et *exit* sont exécutées à chaque nouvelle entrée dans le même état.

Chaque transition est déclenchée par un événement (*trigger*) :

- un signal ;
- un appel d'opération ;
- un événement temporel ;
- une modification de certaines valeurs ;
- un événement implicite.

Les signaux transmettent des messages asynchrones n'attendant pas de réponse du destinataire. Comme leur nom l'indique, les appels d'opération appellent une opération chez le destinataire. Cette opération est exécutée et renvoie un résultat, le cas échéant.

Un événement temporel peut être une temporisation ou la survenance d'un moment particulier. Une période étalée peut être `after (10 secondes)`. Un moment concret peut être spécifié de la manière suivante : `at (31.12.2000 24:00)`.

Quand un changement de certaines valeurs est déclenché, on utilise le mot-clé `when` suivi d'une expression booléenne, comme `when (x > 10)`. La fin d'une activité peut mener à un événement de fin. Ensuite, l'état est quitté avec une transition quand le traitement lié à l'état précédent est terminé. Cet événement n'étant pas lié à une transition, on parle d'événement implicite.

En outre, UML 2 propose l'événement *AnyTrigger*. Il sert de joker pour tous les événements qui ne sont liés à aucune autre transition de départ de l'état observé. Il est ainsi possible de spécifier intégralement les transitions de départ d'un état (comme *else* dans une condition).

Les événements peuvent être complétés par des conditions (de garde) (*guard conditions*). Une condition peut être vraie ou fausse. Quand un événement survient, la condition est évaluée en sus, par exemple `feu passe vert [voie libre] / démarrer`.

La machine à états de type protocole (*protocol state machine*) est une forme particulière de machine à états. Elle décrit l'état et les conditions dans lesquels les opérations doivent être appelées. Les machines à états de type protocole spécifient l'ordre autorisé des opérations. Elles permettent donc de décrire le cycle de vie (*life cyle*) des objets d'une classe. Pour les différencier des machines à états « normales », on les caractérise par `{protocol}`. Dans une machine à états de type protocole sont inscrites toutes les opérations ne pouvant être exécutées que dans un état particulier. À la transition est spécifiée l'opération qui déclenche la transition d'état. Elle peut être complétée par une pré-condition et une post-condition. La syntaxe d'une transition dans les machines à états de type protocole est :

```
[pré-condition] opération / [post-condition]
```

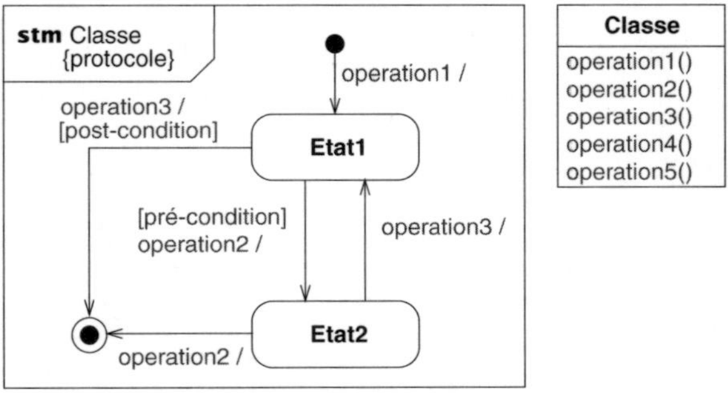

Diagramme de composants

Un diagramme de composants (*component diagram*) modélise les composants dans la durée et en décrit les dépendances. Il représente une vue orientée exécution. Il peut décrire tant des composants logiques (*business components, process components*) que des composants physiques (par exemple composants EJB, CORBA, COM+ et .NET).

Un composant représente une partie modulaire d'un système encapsulant son contenu. Chaque composant n'étant défini que par son interface, il peut être échangé, au cours du développement ou de la durée, contre un autre composant de même interface, la condition étant que le nouveau composant propose une fonctionnalité équivalente. Un composant peut être implémenté par un ou plusieurs artéfacts.

Un artéfact (*artifact*) représente une unité d'information physique, par exemple un modèle, un fichier de code source, un fichier binaire exécutable, un fichier archive. Il est caractérisé par le stéréotype `"artifact"`. Le type d'information peut être spécifié par d'autres stéréotypes.

Les interfaces disponibles et nécessaires peuvent éventuellement être organisées à l'aide de ports. Un port (*port*) spécifie un point d'interaction entre un classifieur et son environnement et permet de regrouper les interfaces. Les ports peuvent être nommés au besoin.

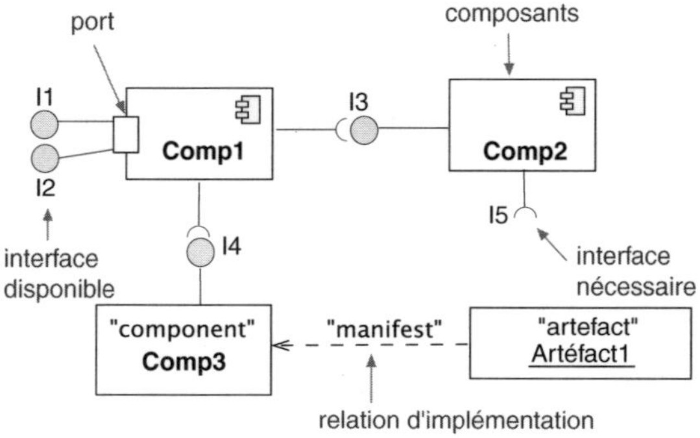

Diagramme de structure composite

Un diagramme de structure composite (*composite structure diagram*) décrit la structure interne d'un classifieur et ses liens avec les autres parties du système. Il indique la configuration des parties, qui exécutent les tâches du classifieur.

Pour qu'un projet soit clair, il convient de décrire exclusivement les aspects majeurs de la tâche observée. Les collaborations permettent de décrire exclusivement les aspects pertinents pour illustrer la manière dont collaborent certaines instances. Dans la collaboration `Location de voitures`, les deux rôles – `véhicule location` et `conducteur` – collaborent pour produire le comportement souhaité. Chaque instance jouant le rôle du `véhicule location` doit posséder le comportement spécifié par `Voiture`. Il en va de même pour le rôle `conducteur`. Une collaboration (*collaboration*) spécifie la manière dont une opération ou un classifieur (comme un cas d'utilisation) sont réalisés par une quantité de classifieurs et d'associations. La collaboration définit une interaction. Elle est représentée par une ellipse en pointillés comportant le nom de la collaboration. La structure interne d'une collaboration, qui contient des rôles et des connecteurs, peut être représentée à l'intérieur de l'ellipse.

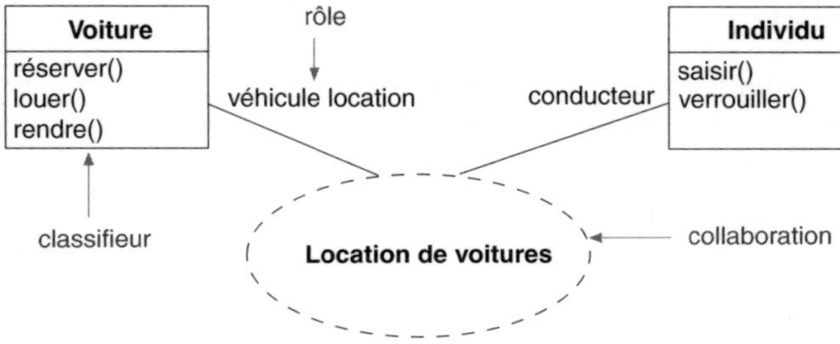

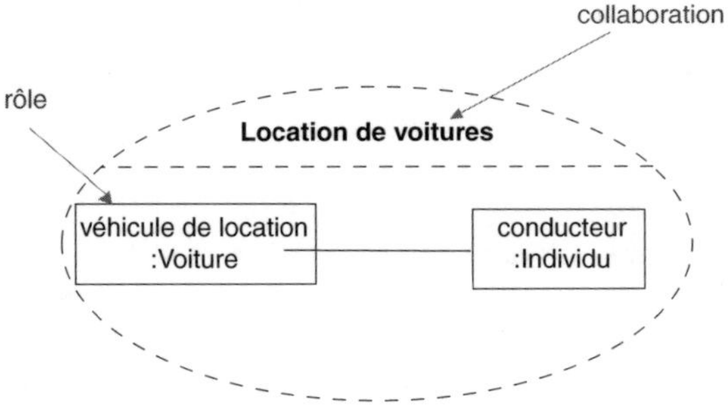

Un participant (*part*) est un élément de modélisation représentant une quantité d'instances appartenant au classifieur environnant. Un participant décrit la structure interne d'un classifieur. Il montre les instances collaborant à l'intérieur d'un classifieur. Les participants sont reliés par un connecteur (lien de communication). Ce lien peut se produire directement ou via des ports.

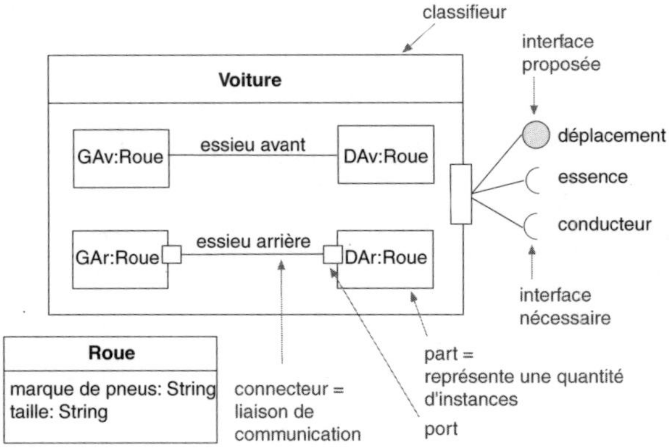

Diagramme de déploiement

Le diagramme de déploiement (*deployment diagram*) permet de spécifier les systèmes (logiciels) déployés sur plusieurs ordinateurs. Il définit l'architecture de durée de vie d'un système.

L'élément principal est le nœud (*node*), qui peut être du matériel (*device*) ou un environnement logiciel (*execution environment*). Les nœuds peuvent être couplés.

Les nœuds sont reliés par un chemin de communication. Des artéfacts (unités physiques) sont déployés (*deployed*) sur les nœuds. La spécification de déploiement définit les paramètres d'exécution des artéfacts déployés sur un nœud.

Le diagramme de déploiement peut être créé au niveau du type et au niveau des instances. Au niveau du type, il sert à la représentation générale de configurations matérielles et logicielles. Le nom des nœuds est dans ce cas indiqué sans soulignement ni double point. Au niveau de l'instance, est décrite une configuration logicielle et matérielle concrète, valable pour la durée de vie. Dans la plupart des cas, on utilise le niveau de l'instance.

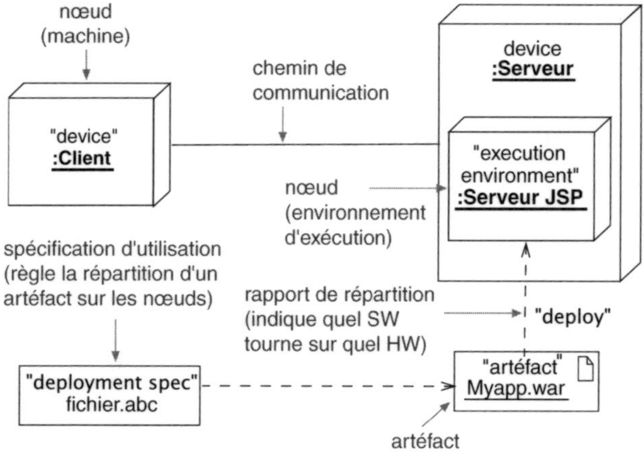

Patterns d'analyse

Un pattern d'analyse est un groupe de classes possédant des interactions et des responsabilités fixes. Il peut s'agir d'un groupe de classes liées (par des liens) ou d'un groupe d'objets qui communiquent.

Les patterns d'analyse suivants sont destinés à assister les débutants dans la création de diagrammes de classes.

Liste

Les données d'un entrepôt et de ses box peuvent être visualisées sous forme de liste. Un box ne peut pas exister sans entrepôt. Par ailleurs, on ne saurait attribuer un box à autre entrepôt que l'entrepôt dont il fait partie intégrante. Les valeurs d'attribut de l'entrepôt valent pour tous les box. Si, par exemple, l'entrepôt est réfrigéré, alors tous les box le sont également.

Ce type de problématique se présente dans de nombreux domaines d'application. Il est modélisé sous forme de composition.

Propriétés

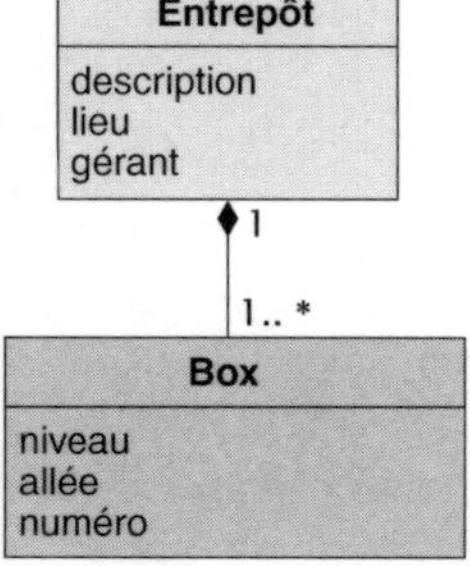

- Une composition existe.
- Un tout est composé de composants du même type : il n'existe qu'une classe de composants.
- Les composants sont attachés à un agrégat. Ils peuvent toutefois être supprimés sans que le tout ne soit supprimé.
- Les valeurs d'attribut de l'agrégat valent également pour les composants dudit agrégat.
- L'agrégat contient au moins un composant, c'est-à-dire que la multiplicité est 1..*.

Type d'instances

Il s'agit ici de gérer plusieurs exemplaires (instances) d'un même livre : si cette problématique était modélisée via une seule classe `Livre`, alors plusieurs objets auraient les mêmes valeurs d'attribut de titre, d'auteur et d'éditeur. Une modélisation intelligente exige que les valeurs d'attribut communes à plusieurs instances d'un même livre soient rassemblées dans le nouvel objet `DescriptionLivre`.

Propriétés

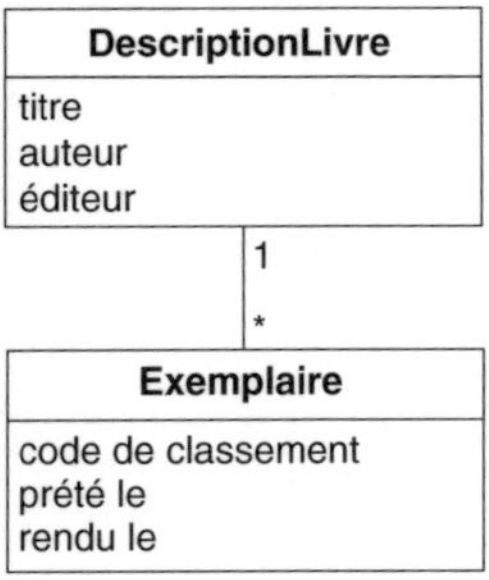

- Il existe une association simple quand il n'existe pas de relation *whole-part*.
- Les relations objets créées ne sont pas modifiées. Elles sont supprimées quand l'instance concernée est supprimée.
- Le nom de la nouvelle classe contient souvent des concepts comme le type, le groupe, la description, la spécification.
- Une description peut temporairement exister indépendamment des instances concrètes. La multiplicité est donc généralement > *many*.
- Renoncer à la nouvelle classe présente l'inconvénient du stockage redondant de valeurs d'attributs.

Assemblage

Il s'agit ici d'exprimer le fait que chaque voiture doit posséder très exactement un moteur et quatre roues. Comme il est question d'objets physiques, le contenu est physique ; il est modélisé à l'aide d'une composition. Lorsqu'une voiture est vendue, elle l'est avec le moteur et les roues. L'affectation des composants au tout s'inscrit généralement dans la durée. Mais on peut remplacer le moteur et monter l'ancien dans un autre objet.

Propriétés

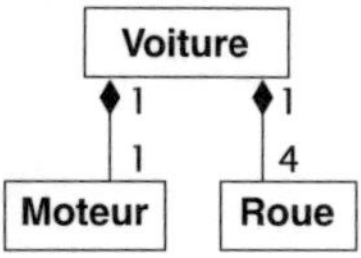

- Il s'agit d'objets physiques.
- Il n'y a pas de composition.
- Les relations s'inscrivent en général dans la durée, mais un composant peut être séparé de son agrégat pour être attribué à un autre tout.
- Un tout peut se composer de différents composants.

Liste de pièces

Il s'agit de modéliser le fait qu'un dossier puisse contenir des liens, des fichiers et d'autres dossiers. Le dossier et tous les objets qu'il contient doivent pouvoir être traités en tant qu'unité et tous les objets doivent pouvoir être traités individuellement. Si le dossier est copié, tous les objets qu'il contient sont copiés. Si le dossier est supprimé, tous les objets qu'il contient sont supprimés. Un objet fichier peut être préalablement attribué à un autre dossier.

Propriétés

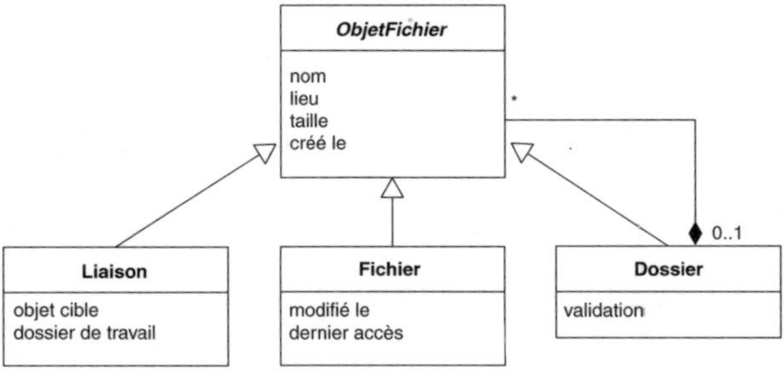

- Il n'y a pas de composition.
- Un agrégat et ses composants doivent pouvoir être traités en tant que tout et séparément.
- Les composants peuvent être affectés à d'autres agrégats.
- La multiplicité de la classe agrégat est `0..1`.
- Un objet de type A peut se composer de plusieurs objets de type A, B et C.

- Le cas particulier de la liste de pièces se présente quand une pièce ne se compose pas d'objets de types différents, mais d'un seul type.

Coordinateur

Dans le cas de la modélisation d'un examen, une association ternaire (association entre trois classes) relie les objets des classes `Professeur`, `Examen` et `Etudiant` et inscrit les informations sur un examen passé dans la classe associative `Participation`. Cette association ternaire peut être décomposée, comme dans la figure, en associations binaires et une classe coordinatrice. En général, une classe coordinatrice possède peu d'attributs et d'opérations et recense « qui a la connaissance de qui ».

Propriétés

- Il n'y a pas d'associations simples.
- La classe coordinatrice remplace une association n-aire (n>=2) par une classe d'association.
- La classe coordinatrice possède peu d'attributs et d'opérations. Elle possède plusieurs associations vers d'autres classes, en général vers un objet de chaque classe.

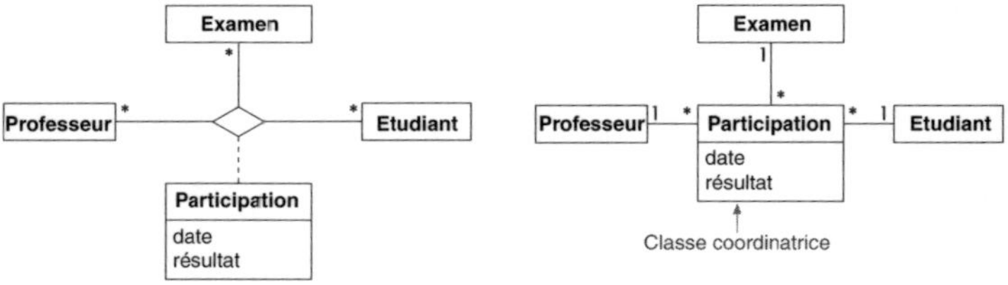

Rôles

Dans le cadre d'un tutorat, il y a des orateurs et des auditeurs à gérer. Un conférencier peut être orateur d'un tutorat et auditeur d'autres tutorats. En d'autres termes, le conférencier joue simultanément plusieurs rôles en rapport à la classe `Tutorat`. Cette problématique se présente assez régulièrement et peut être modélisée de la manière suivante. Notez que si, au lieu d'utiliser la classe `Conférencier`, on avait employé les classes `Orateur` et `Auditeur`, les deux classes auraient eu les mêmes attributs (et opérations). En outre, on n'aurait pas pu modéliser le fait qu'un objet conférencier donné pouvait être orateur d'un tutorat et auditeur d'autres tutorats.

Propriétés

- Entre deux classes, il existe deux associations simples ou plus.
- Un objet peut – à un moment donné – jouer des rôles différents en rapport avec les objets des autres classes.
- Les objets pouvant jouer des rôles différents possèdent, indépendamment de leurs rôles, les mêmes propriétés et, le cas échéant, les mêmes opérations.

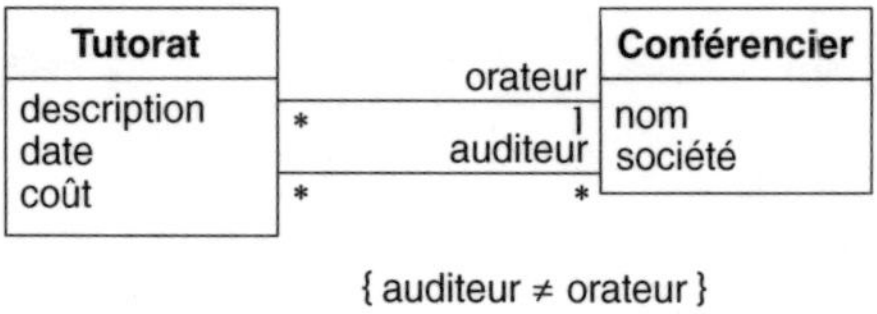

Rôles changeants

Il s'agit ici de modéliser le fait qu'un médecin a exercé une activité en tant qu'employé au cours du premier et du deuxième semestre 1998 dans différents cabinets avant d'obtenir son agrément le 01/01/1999. Pour les médecins employés, les informations ne sont pas les mêmes que pour les médecins libéraux. Contrairement au pattern `Rôles`, le médecin agréé joue plusieurs rôles au cours d'une période donnée. Étant donné qu'il s'agit ici de conserver des informations sur une période donnée, les nouvelles activités médicales et leurs relations objets sont ajoutées à `Médecin agréé`.

Propriétés

- Un objet du monde réel peut jouer différents rôles à des périodes différentes. Pour chaque rôle, il peut posséder différentes propriétés (attributs, associations) et opérations.

- Les divers rôles sont modélisés au moyen de la généralisation.
- Les relations entre l'objet et ses rôles sont simplement élargies, c'est-à-dire ni supprimées, ni intégrées à d'autres objets.

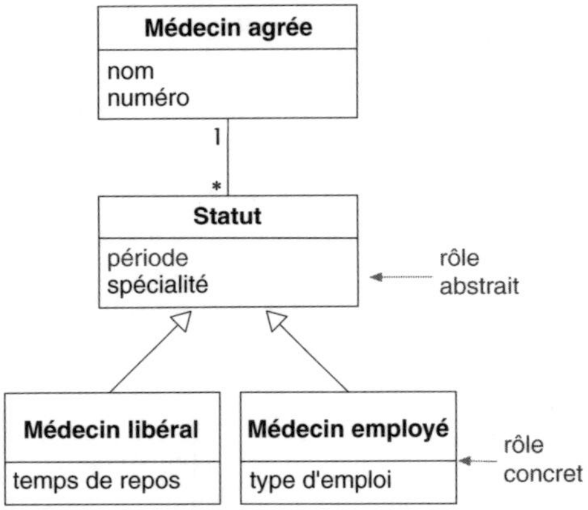

Historique

Il s'agit ici de consigner tous les postes qu'occupe un employé au cours de son séjour dans une entreprise donnée. Pour une période donnée, l'employé ne peut occuper qu'un seul et unique poste. En outre, il faut recenser toutes les formations continues que l'employé fréquente pendant son temps dans l'entreprise. Cette problématique est modélisée à l'aide d'associations simples. Pour chaque poste et chaque formation continue, on inscrit une période. La contrainte `{t=1}` spécifie qu'un employé n'occupe, à un moment donné, qu'un seul et unique poste. Si tous les postes et les formations continues doivent être consignés, cela signifie que les relations vers `Poste` et `FormationContinue` existent jusqu'à ce que l'employé quitte la société et que ses données soient supprimées.

Propriétés

- Il n'existe pas d'association simple.
- Pour un objet, il y a plusieurs processus ou faits à documenter.

- Pour chaque processus ou fait, il convient de définir la période.
- Les relations vers les processus ou les faits sont simplement élargies.
- La contrainte temporelle `{t=k}` (k = multiplicité valide) énonce ce qui doit être valable à un moment donné.

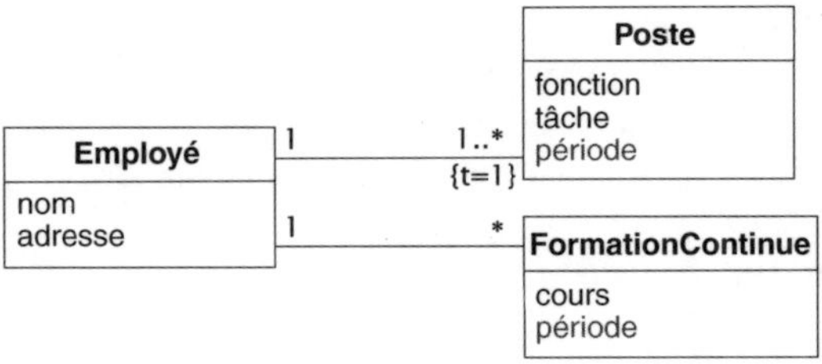

Groupe

Il s'agit ici de modéliser le fait que plusieurs employés travaillent dans un service. Comme ce service peut – provisoirement – exister sans employé, il convient d'opter pour la multiplicité *many*. Quand un employé quitte le service, la relation correspondante est coupée.

Propriétés

- Il existe une association simple.
- Plusieurs objets appartiennent – à un moment donné – au même groupe.
- Il faut vérifier si le groupe peut exister – provisoirement – sans objets ou s'il doit posséder un nombre minimum d'objets.
- Les relations peuvent être construites et détruites.

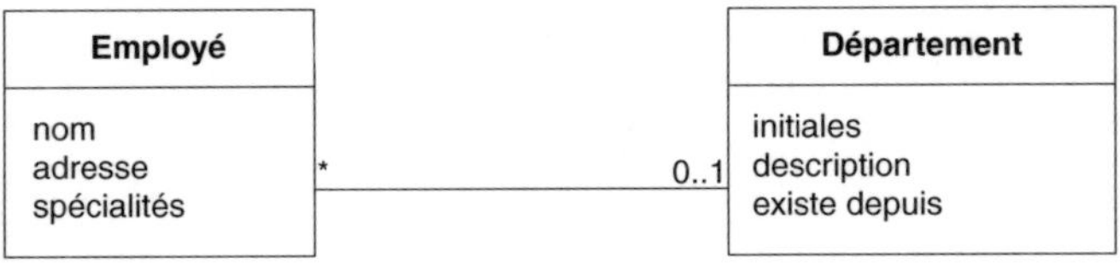

Historique de groupe

Lorsque l'appartenance à un groupe ne doit pas être illustrée à un moment donné mais sur toute une période, la problématique doit être modélisée de la manière suivante. Pour chaque employé, on détermine la période durant laquelle il a appartenu à un service. La contrainte `{t=0..1}` indique que, à un moment donné, l'employé ne peut appartenir qu'à un seul service. Lorsqu'un employé quitte son service, cet événement est décrit via les valeurs d'attribut dans l'objet correspondant de `Appartenance`.

Propriétés

- Un objet fait partie – au cours d'une période donnée – de différents groupes.
- L'historique est modélisé au moyen d'une classe associative. Ainsi, la hiérarchie entre objets et groupes est bien visible.
- La contrainte temporelle `{t=k}` (k = multiplicité valable) indique ce qui doit être valable à un moment donné.
- Étant donné qu'il s'agit de déterminer des informations sur une période donnée, les relations objets créées demeurent et d'autres relations objets sont ajoutées.

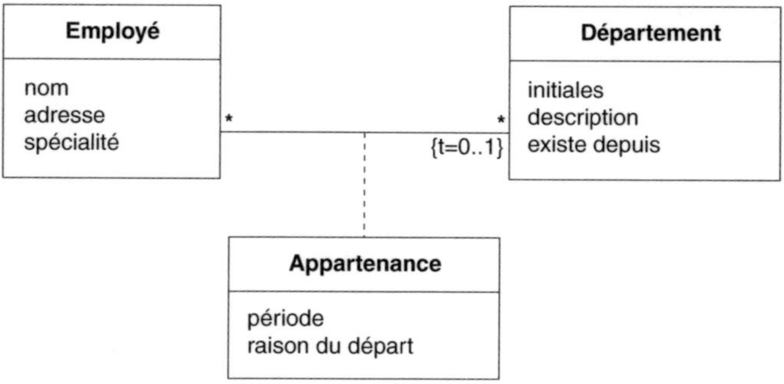

Check-lists

Méthode

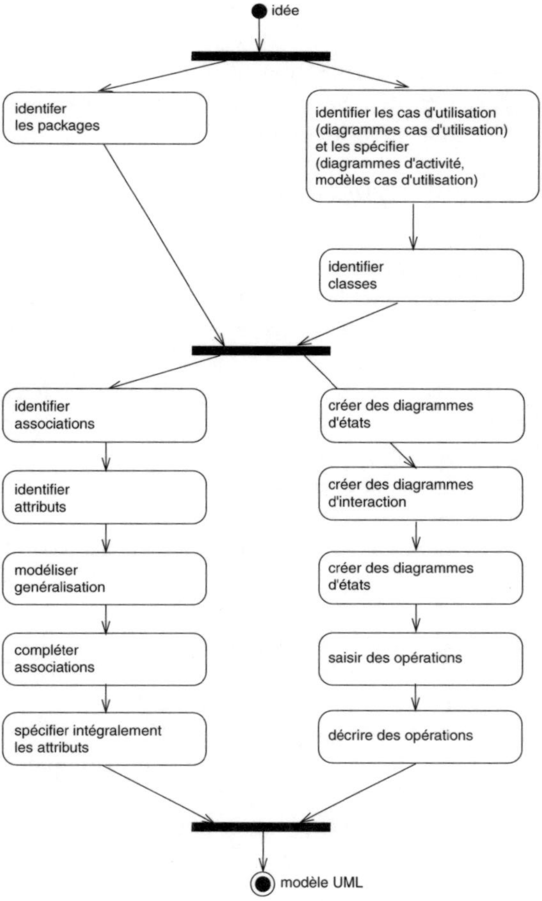

Cas d'utilisation

Résultats

- Diagramme de cas d'utilisation
  Saisir le cas d'utilisation, les acteurs, les associations, les relations *extend* et *include*, les structures de généralisation et les systèmes.
- Spécification du cas d'utilisation
  Avec un plan-type de cas d'utilisation, au moyen de diagrammes d'activité ou de diagrammes d'états.

Étapes de construction

1. Qui est acteur ?
   - Quelles personnes exécutent actuellement ces tâches ?
   - Quelles personnes exécuteront ces tâches à l'avenir ?
   - Qui saisit les données dans le système logiciel ? Qui lit les données obtenues ?
   - Les acteurs servent-ils le système directement ou indirectement ?
   - Quelles interfaces possède le système ?
   - Des événements temporels seront-ils modélisés ?
2. Catégoriser les cas d'utilisation.
   - Distinguer les cas d'utilisation primaires, secondaires et optionnels.
3. Spécifier le cas standard d'un cas d'utilisation.
   - Qu'est-ce qu'un scénario nominal?
   - Quel traitement doit être exécuté « en temps normal » ?
   - Quel traitement doit être exécuté dans 80 % des cas ?
   - Quel est le traitement le plus simple du cas d'utilisation ?
   - Quel résultat l'acteur veut-il obtenir dans la plupart des cas ?
4. Déroulement d'un cas d'utilisation.
   - Quand commence le cas d'utilisation ?
   - Quel événement déclenche le processus de travail ?
   - Quelles données d'entrée sont nécessaires ?
   - Quelles pré-conditions doivent être remplies ?
   - Quelles étapes doivent être exécutées ?
   - L'ordre des étapes est-il déterminé ?

- Quels résultats intermédiaires ont été produits ?
- Quels résultats finaux ont été créés ?
- Quelles post-conditions (pré-conditions d'autres cas d'utilisation) sont assurées ?
- Quand se termine le cas d'utilisation ?
- À quel point ce travail est-il important ?
- Pourquoi ce travail est-il exécuté ?
- L'exécution peut-elle être améliorée ?

5. De l'événement au cas d'utilisation.
   - Créer une liste d'événements.
   - Identifier pour chaque événement un cas d'utilisation.
   - Distinguer les événements externes et temporels.
6. Extensions, cas particuliers.
   - Identifier :
     . les parties optionnelles d'un cas d'utilisation ;
     . les possibilités complexes ou alternatives ;
     . les tâches qui ne sont que rarement exécutées.
   - Modéliser des extensions de grande envergure à l'aide de la relation *extend*. Les cas d'utilisation reliés à l'aide de *extend* sont optionnels par essence.
   - Peser le pour et le contre des relations *extend*.
   - Au lieu d'une relation *extend,* ces parties peuvent être documentées avec un cas d'utilisation pattern.
7. Relation *include*.
   - Spécifier les étapes complexes en tant que cas d'utilisation (*include*).
   - Décomposer les cas d'utilisation complexes (nombreux cas particuliers) en plusieurs cas d'utilisation et modéliser les points communs avec *include*.
8. Généralisation des cas d'utilisation.
   - Modéliser les cas d'utilisation de même type en tant que spécialisation d'une base de cas d'utilisation.
   - Ne pas confondre généralisation et relation *extend* : les cas d'utilisation spécialisés sont des cas d'utilisation à part entière, ce qui n'est pas vrai pour les cas d'utilisation *extend*.
9. Généralisation des acteurs.
   - Plusieurs acteurs communiquent-ils avec le même cas d'utilisation ?

- La relation Est-un s'applique-t-elle entre ces acteurs ?

10. Limites du système.
    - Le diagramme gagne-t-il en contenu informatif lorsque sont spécifiées les limites du système ?

Étapes d'analyse

11. Description « intelligente ».
    - Elle est compréhensible pour le client.
    - Elle présente un comportement discernable de l'extérieur.
    - Elle est spécifique au domaine du processus.
    - Elle est complète pour le cas standard et traite les cas particuliers à part.
    - Elle compte une page maximum.
12. Nom des cas d'utilisation.
    - Il comporte un verbe parlant.
    - Il décrit les fonctionnalités en peu de mots.
13. Nom des acteurs.
    - Il est facilement compréhensible et utilise la terminologie du domaine d'application.
    - C'est un substantif au singulier.
    - Il ne reprend pas de noms de postes type carte de visite ni de noms concrets.
14. Acteurs et cas d'utilisation.
    - Chaque acteur doit communiquer avec un cas d'utilisation au moins.
    - Exception : les cas d'utilisation reliés par *include* ou *extend*.
15. Étendue du diagramme de cas d'utilisation.
    - Il comporte dix cas d'utilisation maximum.
16. Cohérence du diagramme de cas d'utilisation et du pattern.
    - Tous les acteurs du pattern figurent-ils également dans le diagramme du cas d'utilisation et inversement ?
17. Cohérence avec le diagramme de classes.
    - Établir un diagramme d'objets.
18. Sources d'erreurs :
    - Cas d'utilisation trop restreints et donc trop nombreux.
    - Prise en compte trop précoce des cas particuliers.
    - Description trop détaillée des cas d'utilisation.

– Confusion entre généralisation et relation *extend*.
– Cas d'utilisation décrivant des processus de dialogue.
– Cas d'utilisation incompréhensibles pour le client.

Spécification du cas d'utilisation (use case template)

- **Cas d'utilisation** – Le nom compte deux ou trois mots (qu'est-ce qui est fait ?).
- **Objectif** – Définition globale de l'objectif en cas d'exécution réussie du processus.
- **Catégorie** – Primaire, secondaire ou optionnelle.
- **Pré-condition** – État attendu avant l'exécution du cas d'utilisation.
- **Post-condition (succès)** – État attendu après l'exécution réussie du cas d'utilisation, c'est-à-dire le résultat du cas d'utilisation.
- **Post-condition (échec)** – État attendu quand l'objectif n'a pas pu être atteint.
- **Acteurs** – Rôles des personnes ou d'autres systèmes qui déclenchent le cas d'utilisation ou qui y participent.
- **Événement déclencheur** – Lorsque cet événement se produit, le cas d'utilisation se déclenche.
- **Description**
  1 Première action.
  2 Deuxième action.
- **Extensions**
  1a Portée de la fonction de la première action.
- **Alternatives**
  1a Exécution alternative de la première action.
  1b Autre alternative de la première action.

Package

Résultats

- Diagrammes de packages
  Créer un ou plusieurs diagrammes de packages.
  Attribuer des éléments de modèle à chaque package.

Étapes de construction

1. Quels packages résultent du processus *top-down ?*
   Dans le cas de grandes applications :
   - diviser le système en systèmes partiels (packages) ;
   - découper les gros packages en petits packages.
2. Quels packages résultent du processus *bottom-up* ?
   Dans le cas de petites et moyennes applications :
   - rassembler les classes sous un concept général.
3. Packager les cas d'utilisation :
   - résumer les cas d'utilisation sous forme de packages en constituant des groupes de fonctions.
4. Packager les classes :
   - résumer les classes sous forme de structures de données supérieures.

Étapes d'analyse

5. Le package constitue-t-il une unité complète ?
   - Il contient un thème pouvant être observé et compris en toute indépendance.
   - Il permet une observation du système à un niveau d'abstraction supérieur.
   - Les structures de généralisation se trouvent dans un package.
   - L'agrégation et la composition se trouvent dans le même package.
   - Les classes entretenant une communication intensive se trouvent dans le même package.
6. Le nom du package est-il adapté ?
   - Choisir un nom de package simple et parlant.
   - Difficile de choisir un nom de package ? Il convient alors de vérifier attentivement la structure du package. Décrire le contenu du package avec un maximum de 25 mots, dont sera issu le nom du package.
7. Étendue :
   - La taille des packages doit être proportionnelle à la taille du système modélisé.

8. Sources d'erreur :
   – Packages trop petits.
   – Pas d'unité indépendante.

Classe

Résultats

- Diagramme de classes
  Inscrire chaque classe – soit avec le nom seulement, soit avec quelques attributs/opérations – dans le diagramme de classes.
- Brève description des classes
  Pour chaque classe dont le nom n'est pas parlant, rédiger une brève description de 25 mots maximum.

Étapes de construction

1. Quelles classes peuvent être identifiées au moyen d'une analyse de document ?
   – Formulaires, listes.
   – Système de *re-engineering* : manuels d'utilisation, masques d'écran, descriptions de fichiers, fonctionnalité du système actif.
2. Quelles classes peuvent être identifiées à partir de la description des cas d'utilisation ?
   – Parcourir la description par classes.
   – Vérifier les attributs des classes potentielles.
3. Les classes des catégories suivantes peuvent-elles être modélisées ?
   – Objets concrets.
   – Personnes et rôles respectifs.
   – Informations sur les actions.
   – Lieux.
   – Organisations.
   – Contenants.
   – Objets d'un contenant.
   – Événements.
   – Catalogues.
   – Contrats.

Étapes d'analyse

4. Existe-t-il un nom de classe parlant ?
   Le nom de classe doit :
   – Utiliser la terminologie des spécialistes.
   – Être un substantif au singulier.
   – Être aussi concret que possible.
   – Exprimer la même chose que l'ensemble des attributs.
   – Ne pas décrire le rôle de cette classe dans sa relation avec une autre classe.
   – Être unique dans le package voire le système.
   – Ne pas exprimer la même chose que le nom d'une autre classe.
5. Le niveau d'abstraction choisi est-il correct ?
6. Quand faut-il/ne faut-il pas créer une classe ?
   – Ne pas construire de classe pour gérer des quantités d'objets.
7. Sources d'erreur :
   – Les classes sont trop petites.
   – Une classe est modélisée à partir de chaque rapport.
   – Une classe modélise l'interface utilisateur.
   – Une classe modélise des détails de conception ou d'implémentation.

Association

Résultat

- Diagramme de classes
  Dans un premier temps, saisir les associations sous forme de ligne uniquement. Pas encore de multiplicités, d'agrégation, de composition, de rôles, de noms ni de contraintes.

Étapes de construction

1. Quelles associations peut-on dériver de l'analyse du document ?
   – À définir à partir des clés primaires et étrangères.
2. Quelles associations peut-on dériver à partir des cas d'utilisation ?
3. Quelles contraintes l'association doit-elle respecter ?
   – Une association : `{ordered}`.

– Plusieurs associations : `{xor}`, `{propriété subsets}`.
Créer un diagramme d'objets.

Étapes d'analyse

4. Un nom d'association ou de rôle est-il nécessaire ? Ou simplement utile ?
   – Un nom est nécessaire quand il existe plusieurs associations entre deux classes.
   – Un nom de rôle est préférable à un nom d'association.
   – Le nom de rôle est toujours nécessaire en présence d'associations réflexives.
   – Le nom de rôle est un substantif, le nom d'association contient un verbe.
   – Le test du nom d'association : « Classe1 nom d'association Classe2 » donne une phrase douée de sens.
   – Nom de rôle : quel rôle joue la classe X par rapport à la classe Y ?
5. Existe-t-il une association 1:1 ?
   Il faut modéliser deux classes quand :
   – la relation objet est optionnelle dans un sens ou dans les deux sens et que la relation entre deux objets peut changer ;
   – il s'agit de deux classes volumineuses ;
   – les deux classes possèdent une sémantique différente.
6. Existe-t-il plusieurs associations entre les deux classes ?
   Vérifier si les associations :
   – possèdent une signification différente ; et/ou
   – ont différentes multiplicités.
7. Les associations dérivées sont-elles correctement utilisées ?
   – Les associations dérivées n'ajoutent pas d'informations au modèle.
   – On peut facilement les reconnaître à l'aide de diagrammes d'objets.
8. Source d'erreur :
   – Confondre association et généralisation.

Attribut

Résultats

- Diagramme de classes
  - Saisir pour chaque attribut le nom correspondant dans le diagramme de classes. Caractériser les attributs de classe et les attributs dérivés.
  - Spécifier intégralement les attributs en saisissant le type, la multiplicité et les valeurs d'attribut. Pour les attributs complexes, on peut éventuellement définir les types correspondants.

Étapes de construction

1. Quels attributs peut-on identifier à l'aide de l'analyse de document ?
   - Les attributs simples peuvent éventuellement être rassemblés en structure de données.
   - Vérifier si tous les attributs sont absolument nécessaires.
2. Quels attributs peut-on identifier à l'aide de cas d'utilisation ?
   - Les données nécessaires pour l'exécution des tâches d'un cas d'utilisation.
   - Les données nécessaires pour la fonctionnalité de liste.

Étapes d'analyse

3. Le nom d'attribut est-il approprié ?
   Le nom d'attribut doit :
   - être court, unique et compréhensible dans le contexte de la classe ;
   - être un substantif, pas un verbe ;
   - ne pas répéter le nom de la classe (à l'exception de concepts définis) ;
   - en cas d'attributs complexes (structurés), correspondre à la globalité des composants ;
   - contenir uniquement des abréviations courantes ou propres au domaine traité.

4. Classe ou attribut complexe ?
   - Classe – Identité d'objet, signification de même valeur dans le système, existence indépendante de l'existence d'autres objets, accès dans les deux sens possible.
   - Attribut – Pas d'identité objet, existence dépendante d'autres objets, accès toujours via l'objet, importance moindre.
5. Le niveau d'abstraction a-t-il été correctement choisi ?
   - Des attributs complexes ont-ils été formés ?
   - Les attributs complexes forment-ils des structures de données appropriées ?
   - Le nombre d'attributs par classe est-il approprié ?
6. L'attribut appartient-il à une classe ou à une association ?
7. Y a-t-il des attributs de classe ?

   Il y a des attributs de classe quand :
   - tous les objets de la classe possèdent pour cet attribut la même valeur d'attribut ;
   - il faut modéliser des informations sur la totalité des objets.
8. Les attributs de clé sont-ils techniquement nécessaires ?
   - Les attributs de clé ne sont saisis que lorsqu'ils font partie intégrante du concept technique – indépendamment de leur propriété identifiante.
9. Les attributs dérivés sont-ils correctement utilisés ?

   C'est le cas lorsque :
   - l'information est visible pour l'utilisateur ;
   - la visibilité est améliorée.
10. Quand est-il superflu de saisir un attribut ?
    - Quand il s'agit d'un attribut décrivant l'état interne d'un cycle de vie et qui n'est pas visible de l'extérieur de l'objet.
    - Quand il décrit des détails de conception ou d'implémentation.
    - Quand il s'agit d'un attribut dérivé qui n'a été ajouté que pour des raisons de performance.
11. Sources d'erreur :
    - Utiliser des attributs microscopiques au lieu de structures de données complexes.
    - Formuler des associations comme attributs (clés étrangères).

Généralisation

Résultat

- Diagramme de classes
  Saisir toutes les structures de généralisation dans le diagramme de classes. Constituer des classes abstraites.

Étapes de construction

1. Peut-on constituer des structures de généralisation par un processus *bottom-up ?*
   - Existe-t-il des classes similaires à partir desquelles ont peut créer une nouvelle super-classe ?
   - Une classe existante est-elle appropriée comme super-classe ?
   - Peut-on créer des objets pour la super-classe nouvellement formée ?
2. Peut-on constituer des structures de généralisation par un processus *top-down* ?
   - Chaque objet de la classe peut-il accepter une valeur pour chaque attribut ?
   - Chaque opération peut-elle être utilisée sur chaque objet de la classe ?
   - Peut-on créer des objets pour les classes initiales ou cela n'est-il possible que pour les sous-classes ?

Étapes d'analyse

3. Y a-t-il une « bonne » structure de généralisation ?
   - La structure de généralisation améliore-t-elle la compréhension du modèle ?
   - Chaque sous-classe nécessite-elle tous les attributs, opérations et associations hérités ?
   - La relation Est-un est-elle remplie ? La phrase « objet de la sous-classe est un objet de la super-classe » se vérifie-t-elle ?
   - La structure de généralisation correspond-elle aux structures « naturelles » du domaine traité ?
   - Possède-t-elle trois à cinq niveaux de hiérarchie (maximum) ?

4. Quand y a-t-il généralisation ?
   – Les sous-classes désignent seulement les divers types, mais ne se distinguent ni par leurs propriétés, ni par leur comportement.

Multiplicité

Étapes d'analyse/de construction

1. Faut-il modéliser un instantané ou l'historique ?
   Une étude du système détermine s'il faut modéliser :
   – un instantané (multiplicité 1- ou 0..1) ; ou
   – l'historique (multiplicité *many*).
2. Y a-t-il association obligatoire ou facultative ?
   – Dans le cas d'une association obligatoire unilatérale (limite inférieure >=1 d'un côté), dès que l'objet A est créé, la relation à l'objet B doit être établie et B doit exister ou être créé.
   – Dans le cas d'une relation obligatoire réciproque (limite inférieure >=1 des deux côtés), dès que l'objet A est créé, la relation à l'objet B doit également être établie et, le cas échéant, l'objet B doit être créé. Lorsque l'objet A d'une relation a été supprimé, alors l'objet B doit également être supprimé.
   – Dans le cas d'une relation facultative (limite inférieure =0), la relation peut être établie à n'importe quel moment après la création de l'objet.
3. La multiplicité contient-elle des valeurs fixes ?
   – Le domaine traité impose-t-il une limite supérieure (comme six joueurs maximum) ? Dans le doute, travailler avec des limites supérieures variables.
   – Le domaine traité impose-t-il une limite inférieure (comme deux joueurs minimum) ? Dans le doute, travailler avec « 0 ».
   – Existe-t-il des contraintes particulières pour les multiplicités (comme un nombre fixe de joueurs) ?
4. Source d'erreur :
   – Les associations facultatives sont souvent utilisées alors qu'elles ne sont pas utiles.

Agrégation et composition

Étapes d'analyse et de construction

1. Composition :
   - Il existe une relation *whole-part.*
   - La multiplicité de la classe d'agrégat est de 0..1 ou 1.
   - La durée de vie des composants est liée au tout.
   - Le tout est responsable de la création des composants.
2. Agrégation :
   - Elle est rare.
   - Il existe une relation *whole-part.*
3. En cas de doute, toujours utiliser l'association simple.
4. Source d'erreur :
   - Modélisation d'attributs au moyen de la composition.

Activité

Résultats

- Diagramme d'activité
  Modéliser les cas d'utilisation ainsi que les interactions entre plusieurs cas d'utilisation à l'aide du diagramme d'activité.

Étapes de construction

1. Quel événement déclenche le traitement ?
   - Saisir en haut à gauche les nœuds initiaux.
   - Connaître les pré-conditions (*preconditions*).
2. Quand le traitement se termine-t-il ?
   - Quel est l'objectif à atteindre en cas de succès ?
   - Qu'est-ce qui se termine ? L'intégralité du traitement ou seulement le chemin actuel ?
3. À quoi ressemble le cas standard ?
4. Quelles extensions au cas standard sont possibles ?
   - Les actions sont-elles exécutées dans certaines conditions seulement ?
   - Saisir les conditions sur la pointe du diamant.
   - Où le flux de contrôle se rassemble-t-il ?

5. Un traitement parallèle est-il possible ?
   - L'ordre est-il sans importance pour certaines étapes du traitement ?
   - Un véritable travail parallèle est-il possible ?
   - Où le flux de contrôle est-il de nouveau synchronisé ?
6. Nœuds objets.
   - Les actions créent-elles des données de sortie ou nécessitent-elles des données d'entrées ?
   - Saisir des nœuds objets pour augmenter l'expressivité du diagramme.
   - Pour les objets se présentant dans différents états de traitement, il faut également saisir l'état correspondant.
7. Paramètres d'entrée/sortie.
   - L'indication de paramètres d'entrée et de sortie n'est nécessaire que lorsqu'elle fournit des informations supplémentaires.
8. Domaines d'activité.
   - Utiliser la notation du couloir quand l'activité contient un maximum de cinq domaines.
   - Modéliser les principales étapes dans le premier domaine d'activité.
   - Les nœuds concernant deux domaines sont représentés sur le trait de séparation.

Étapes d'analyse

9. Nom d'action.
   - Il doit contenir un verbe parlant.
   - Il doit être compréhensible et unique dans le contexte de l'activité.
10. Actions *Black-Hole* et *Miracle*.
    - Existe-t-il des nœuds d'action ne possédant pas de flèche de sortie (*black holes*) ?
    - Existe-t-il des nœuds d'action ne possédant pas de flèche d'entrée (*miracles*) ?
11. En cas de décision, la solution est-elle optimum ?
    - Les conditions sont-elles clairement définies ?

12. La quantité des conditions est-elle complète ?
   - Dans le cas d'une décision, toutes les conditions possibles sont-elles couvertes par une flèche de sortie ?
   - Spécifier une alternative avec *else*.

Scénario

Résultats

- Diagramme de séquence, diagramme de communication
  Pour chaque scénario pertinent, il faut créer un diagramme de séquence. On peut éventuellement utiliser les diagrammes de communication.

Étapes de construction

1. Développer plusieurs scénarios à partir de chaque cas d'utilisation.
   - Repérer les variantes d'un cas d'utilisation (réussites, échecs).
   - Exécution standard et alternatives.
   - Distinguer les cas positifs et les cas négatifs.
   - Vérifier quels scénarios sont importants.
   - Nommer et décrire les diagrammes d'interaction.
2. Décrire les scénarios sous forme de texte :
   - nom ;
   - toutes les conditions menant à l'exécution du cas d'utilisation ;
   - résultats ou effets du scénario.
3. Choisir le diagramme approprié.
   - Le diagramme de séquence indique clairement les dimensions temporelles, l'ordre est simple à suivre.
   - Le diagramme de communication indique les liens, permet les conditions et les itérations d'une manière simple.
4. Quels acteurs prennent part au scénario ?
   - À lire dans le diagramme de cas d'utilisation.
   - Un seul acteur généralement, mais plusieurs sont toutefois possibles.

5. Quels partenaires de communication participent ?
   - Les classes participantes.
   - Les divers objets d'une classe doivent-ils être utilisés ? Ensuite, attribuer des noms d'objets.
   - Ordonner les partenaires de communication de manière à ce que les flèches de message soient principalement orientées de gauche à droite.
6. Comment se déroule le scénario ?
   - Dans quel ordre doivent se dérouler les opérations ?
   - Quel partenaire de communication exécute une opération ?
   - Se concentrer sur le traitement essentiel.
   - Éviter de décrire tous les cas particuliers.
7. Structuration du scénario :
   - une ou plusieurs transactions ;
   - structure centrale (*fork diagram*) ;
   - structure décentralisée (*star diagram*).

Étapes d'analyse

8. Les objets de destination sont-ils accessibles ?
   - Une association existe (relation objet permanente).
   - L'identité peut être divulguée de manière dynamique (relation objet temporaire).
9. Le diagramme de séquence ou de communication est-il cohérent avec le diagramme de classes ?
   - Toutes les classes sont également présentes dans le diagramme de classes.
   - À l'exception des opérations de gestion, seules les opérations du diagramme de classes sont saisies.
10. Sources d'erreur :
    - Décrire le flux de contrôle.
    - Décrire le flux de données.
    - Décrire l'interface.
    - Se perdre dans les détails.

Machine à états

Résultat

- Diagramme d'états
  Le diagramme d'états peut décrire le comportement dynamique de classes et le traitement des cas d'utilisation.

Étapes de construction

1. La classe doit-elle être spécifiée par une machine à états ?
   - Le même événement peut – indépendamment de l'état actuel – déclencher un comportement différent.
   - Les opérations ne sont applicables que dans certaines situations (états) sur un objet et sont ignorées dans les autres cas.
2. Faut-il modéliser une machine à états de type protocole ?
   - La machine à états de type protocole décrit quelles opérations de la classe peuvent être appelées dans quelles conditions.
   - Elle doit contenir toutes les opérations de la classe dont l'exécution dépend de l'état, c'est-à-dire qui sont liées à une transition.
   - Elle décrit le cycle de vie des objets de la classe.
3. Faut-il spécifier un cas d'utilisation via une machine à états ?
   - Dans le cas de la spécification de cas d'utilisation, les machines à états sont une alternative aux diagrammes d'activité.
   - Il faut choisir les diagrammes d'états quand le centre d'intérêt ne repose pas sur le traitement, mais sur les états.
4. *Brainstorming*
   - Au cours d'une séance de *brainstorming*, créer un tableau avec les colonnes suivantes :
     . première colonne : tous les états ;
     . deuxième colonne : tous les événements qui peuvent survenir en interne ou en externe ;
     . troisième colonne : toutes les étapes de traitement qui doivent être exécutées.
5. Quels états contient la machine ?
   - La base de départ est l'état initial.
   - Au cours de quel événement un état est-il quitté ?

   - Quels états consécutifs se présentent ?
   - Par quoi un état est-il défini (valeurs d'attribut, liens objet) ?
6. La machine à états a-t-elle besoin d'un état final ?
   - Lorsque l'état final est atteint, le traitement de la machine à états prend fin.
   - Lorsque la machine décrit le cycle de vie, la fin de la machine à états équivaut à la fin de la vie de l'objet.
   - Dans un état final, on ne peut pas exécuter de traitement. L'état final ne possède pas de flèche de sortie.
7. Quelles activités doivent être modélisées ?
   - Un traitement est-il lié à une transition d'état ?
   - Toutes les transitions entrantes d'un état possèdent-elles la même activité ? Modéliser en tant qu'activité *entry*.
   - Toutes les transitions sortantes d'un état possèdent-elles la même activité ? Modéliser en tant qu'activité *exit*.
   - Un traitement est-il lié à la durée de l'état ? Modéliser en tant qu'activité *do*.
8. Quels événements doivent être modélisés ?
   - événements externes :
     . de l'utilisateur ;
     . d'autres objets.
   - événements temporels :
     . période ;
     . moment.
   - événements de la classe ou du cas d'utilisation générés en interne.

Étapes d'analyse

9. Nom d'état adapté.
   - Il décrit une période donnée.
   - Il ne contient pas de verbe.
10. Une machine à états de type protocole est-elle cohérente avec le diagramme de classes ?
   - Toutes les opérations sont-elles contenues dans le diagramme de classes ?
   - Toutes les opérations dépendantes de l'état sont-elles contenues dans les machines à états de type protocole ?

  - Toutes les opérations n'étant pas spécifiées dans les machines à états de type protocole peuvent-elles être appelées dans chaque état ?
11. Toutes les transitions sont-elles correctement saisies ?
  - Tous les états sont-ils accessibles ?
  - Tous les états – à l'exception de l'état final – peuvent-ils être quittés ?
  - Les événements des transitions sont-ils uniques ?
  - Certains événements peuvent-ils *ne pas* être couverts par les événements spécifiés ?
12. Source d'erreur :
  - Modélisation de l'interface dans le cycle de vie.

Opération

Résultats

- Diagramme de classes
  Y sont saisit les opérations.
- Description des opérations

Étapes de construction

1. Saisir les opérations du modèle dynamique.
   - Saisir toutes les opérations à partir de diagrammes de séquence et de communication.
   - Saisir toutes les opérations à partir des machines à états de type protocole.
   - Pour les activités des machines à états de comportement, vérifier les opérations par lesquelles elles sont réalisées.
   - Ajouter les opérations de liste.
2. Saisir les opérations de liste.
   - Les opérations de liste sont, dans l'analyse, souvent réalisées comme opérations de classe.
3. Ne pas saisir les opérations de gestion.
   - `new()`, `delete()` etc., ne sont pas saisis dans le diagramme de classes.
4. Opérations et généralisation.
   - Saisir les opérations le plus haut possible dans la hiérarchie.

5. Établir la description des opérations.
   La description :
   - n'est pas indispensable ;
   - est informelle dans le cas d'opérations simples (c'est-à-dire qu'elle se présente sous forme de texte) ;
   - est semi-formelle dans le cas d'opérations plus complexes (diagramme d'activité ou diagramme d'états par exemple).

Étapes d'analyse

6. L'opération possède-t-elle un nom approprié ?
   Le nom doit :
   - contenir un verbe parlant ;
   - décrire ce que « fait » l'opération ;
   - être unique dans le contexte de la classe.
7. Chaque opération remplit-elle les critères de qualité requis ?
   Ces critères sont :
   - une taille raisonnable ;
   - une liaison fonctionnelle.
8. L'équilibre est-il atteint ?
   - Tous les attributs sont nécessaires pour les opérations.
9. Source d'erreur :
   - Ne pas spécifier d'interface.

Heuristique de modélisation

Pour élaborer une bonne conception logicielle, il convient d'adopter une démarche heuristique.

1. Réaliser le principe de secret.
   L'idéal est que tous les attributs d'une classe soient déclarés en tant que *private*. Ensuite, cet attribut peut être facilement modifié dans une super-classe sans avoir à tenir compte d'éventuelles répercussions sur les sous-classes.
2. Les classes GUI accèdent aux classes du domaine d'application, mais pas le contraire.
   Pour que les classes du domaine d'application ne soient pas concernées par les modifications des classes GUI, il ne doit exister aucune dépendance.

3. Masquer le comportement interne dans des opérations privées. Vérifier avec précision quelles opérations doivent être définies avec la visibilité *public*. Il existe par exemple une opération typiquement privée quand deux opérations possèdent une fonctionnalité partielle commune et que ce comportement est déplacé vers une opération séparée.
4. Minimiser le couplage entre les classes.
   N'utiliser que le couplage d'exportation. Il vaut quand une classe A utilise les opérations publiques d'une classe B.
5. Maximiser la cohésion au sein d'une classe.
   Chaque classe doit réaliser une abstraction et une seule : elle doit décrire un type d'objets seulement et doit contenir tous les attributs et les opérations nécessaires.
6. Éviter les hiérarchies de généralisation trop profondes.
   Dans la conception, contrairement à l'analyse, on peut générer des hiérarchies de généralisation très profondes. Mais une profondeur de 17, voire simplement de 12, fait perdre la vue d'ensemble. L'expérience montre que les développeurs travaillent idéalement avec une profondeur de six niveaux.
7. Les super-classes d'une hiérarchie de généralisation doivent être abstraites.
   Cette règle heuristique énonce que seules les feuilles d'une hiérarchie de généralisation doivent être concrètes. Si, par exemple, la classe concrète `Employé` possède une sous-classe directe `Collaborateur à temps partiel`, toutes les modifications de la classe `Employé` influent sur ladite sous-classe.

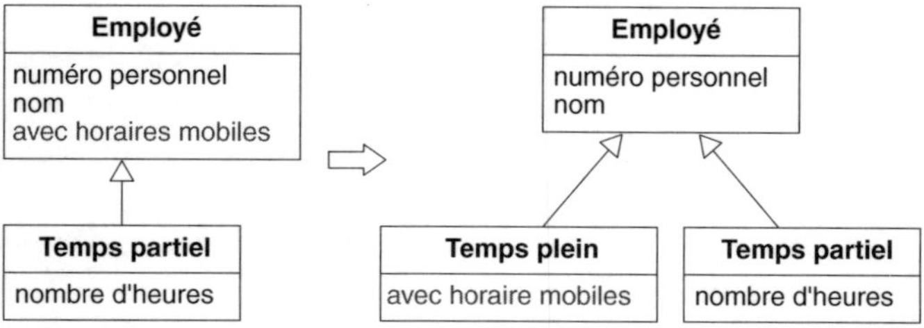

Imaginons qu'il convienne, à un moment donné, de distinguer les employés avec et sans horaires mobiles (et que cette distinction ne concerne pas les collaborateurs à temps partiel), on se heurte à un écueil (voir figure de gauche). Pour plus de flexibilité, il est recommandé de créer une classe abstraite `Employé` et deux sous-classe concrètes : `Collaborateur à temps plein` (précédemment `Employé`) et `Collaborateur à temps partiel`.

8. Placer les points communs le plus haut possible dans les hiérarchies de généralisation.
   Les attributs, les associations et les opérations, utilisés par plusieurs classes, doivent figurer le plus haut possible dans la structure de généralisation. En cas de modification, seule une classe est concernée. La condition est que la structure de généralisation soit intelligemment constituée.
9. Spécifier les attributs communs en tant que types de données.
   Si, dans une structure de généralisation, les points communs entre plusieurs classes se limitent aux attributs, il peut être avantageux de spécifier ces attributs en tant que types de données et de les insérer dans chaque sous-classe.
10. Réaliser des opérations communes via les super-classes.
   Si plusieurs classes d'une structure de généralisation possèdent un comportement commun, ces opérations doivent être regroupées dans une super-classe et être transmises aux sous-classes. S'il existe en outre des attributs communs, ceux-ci doivent également être spécifiés – et transmis – dans la super-classe.
11. Les instructions *switch* peuvent être signe d'un défaut de polymorphisme.
   L'utilisation du polymorphisme rend superflues les instructions *switch*, dans lesquelles une action doit être déclenchée conformément au type objet. L'existence d'instructions *switch* de ce type signale que le polymorphisme n'a pas été utilisé.

Design patterns

Un pattern offre une solution générique et éprouvée à un problème de modélisation récurrent se présentant dans des situations données. Les design patterns sont aujourd'hui indispensables pour les programmeurs Java et C++.

Pattern Fabrication

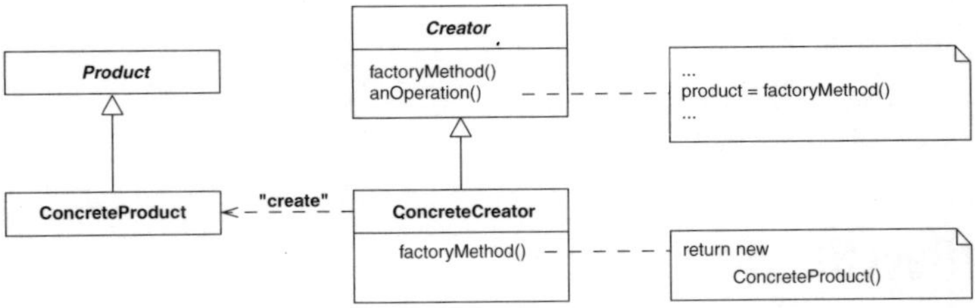

Objectif

Le pattern `Fabrication` (*factory*) est un pattern de création orienté classe. Il offre une interface pour la création d'un objet dans lequel les sous-classes décident à quelle classe appartient l'objet à créer. Ce pattern est également appelé constructeur virtuel (*virtual constructor*).

Application

Utiliser ce pattern quand :

- une classe ne peut pas connaître au préalable les objets qu'elle doit créer.
- est nécessaire une classe dont les sous-classes déterminent elles-mêmes quels objets elles créent.

Fonction des classes

- **`Product`** - La classe définit l'interface des objets créés par la méthode `Fabrication`.

- **`ConcreteProduct`** - Cette sous-classe implémente l'interface du produit.
- **`Creator`** - La classe déclare la méthode `Fabrication` abstraite.
- **`ConcreteCreator`** - Cette sous-classe écrase la méthode `Fabrication` de manière à ce qu'elle produise un objet de `ConcreteProduct`.

Pattern Singleton

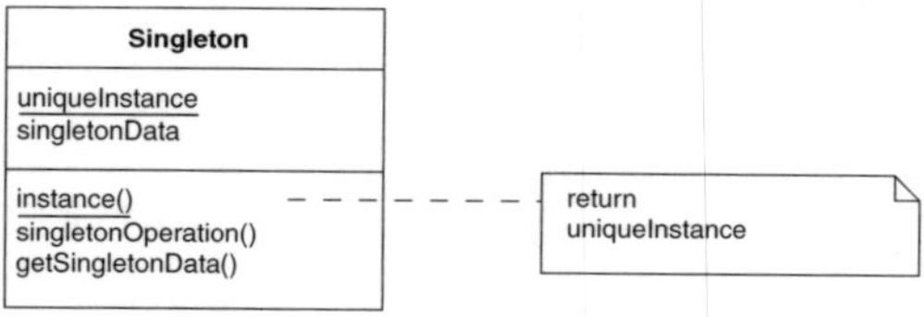

Objectif

Le pattern `Singleton` est un pattern de création orienté objet. Il veille à ce qu'une classe possède un objet exactement et permet un accès global à cet objet.

Application

Utiliser ce pattern :

- quand un objet d'une classe et un seul doit exister et que l'accès doit être simple ;
- quand le seul exemplaire est élargi via spécialisation au moyen de sous-classes et que le client doit pouvoir utiliser cet exemplaire élargi sans changer le code ;
- en tant qu'amélioration par rapport à des variables globales.

Fonction des classes

La classe `Singleton` définit l'opération de classe `instance()`, qui permet au client d'accéder à l'exemplaire unique. La classe `Singleton` est déclarée de la manière suivante :

```
public final class Singleton {
private static Singleton uniqueInstance = null;
```

```
    private Singleton()
    { }
    public static Singleton instance() {
          if (uniqueInstance == null) {
                  uniqueInstance = new Singleton();
          }
          return uniqueInstance;
    }
    }
```

Pattern Composite

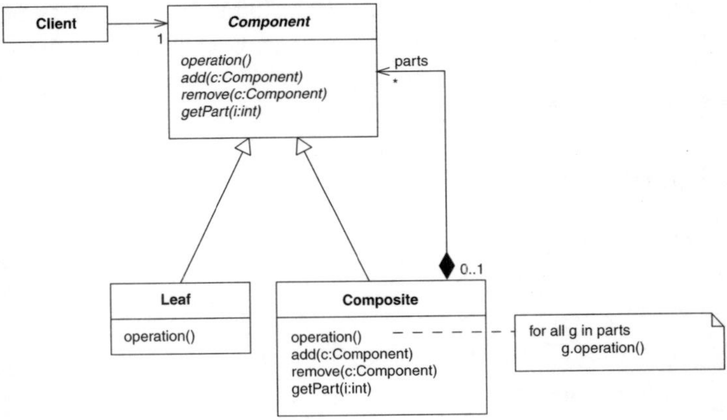

Objectif

Le pattern `Composite` est un pattern de structure orienté objet. Il met en relation des objets sous forme d'arborescence pour représenter des hiérarchies *whole-part*. Ce pattern permet de traiter de manière homogène les objets individuels de même qu'une arborescence d'objets.

Application

Utiliser ce pattern quand :

- il s'agit de représenter des hiérarchies *whole-part* d'objets ;
- les clients ne perçoivent pas de différence entre les objets élémentaires et les objets assemblés et souhaitent traiter tous les objets de la même manière.

Ce pattern se trouve dans de nombreuses bibliothèques de classes et particulièrement dans les *frameworks*.

Fonction des classes

- `Component` - Cette classe déclare l'interface pour tous les objets et implémente le cas échéant un comportement par défaut pour l'interface. Elle déclare une interface pour l'accès et la gestion des composants dans la structure d'agrégat.
- `Leaf` - Cette classe représente les objets élémentaires.
- `Composite` - Cette classe d'agrégats définit le comportement d'objets regroupés, stocke les composants et implémente des opérations se rapportant aux composants.
- `Client` - Cette classe représente les clients.

Pattern Proxy

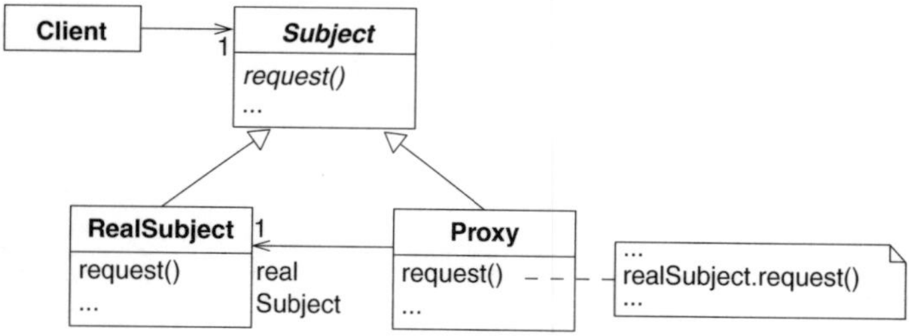

Objectif

Le pattern `Proxy` est un pattern de structure orienté objet. Il contrôle l'accès à l'objet à l'aide d'un objet « représentant » situé en amont. Ce pattern est également appelé *surrogate*.

Application

Ce pattern largement répandu s'applique dans les situations suivantes :

- Un proxy *remote* est le représentant local d'un objet sur un autre ordinateur.
- Un proxy virtuel crée des objets « coûteux » à la demande.

- Un proxy de protection contrôle l'accès à l'objet original.
- Un *smart reference* remplace un pointeur simple, qui exécute des actions supplémentaires. Cela inclut le comptage des références à l'objet réel de manière à ce qu'il soit automatiquement libéré quand il ne possède plus de références (*smart pointer*). Par ailleurs, il veille à ce qu'un objet persistant soit chargé en mémoire dès le premier référencement. Autre tâche : tester si l'objet réel est verrouillé (*locked*) avant tout accès.

Fonction des classes

- **`Proxy`** - En contrôlant l'accès à l'objet réel, cette classe est responsable de la création de ce dernier et de sa suppression. Elle offre une interface identique à celle de `Subject` de manière à ce qu'un `Proxy` puisse être mis en œuvre pour `Subject`. Les proxies *remote* codent un message et l'envoient à `RealSubject` dans un autre espace adresse. Les proxies virtuels peuvent stocker des informations supplémentaires via le `RealSubject` ce qui évite l'accès à l'objet réel. Les proxies de protection vérifient que l'appelant possède les droits d'accès nécessaires.
- **`Subject`** - Cette classe définit l'interface commune de l'objet réel et de l'objet proxy.
- **`RealSubject`** - Cette classe définit l'objet réel.

Pattern Façade

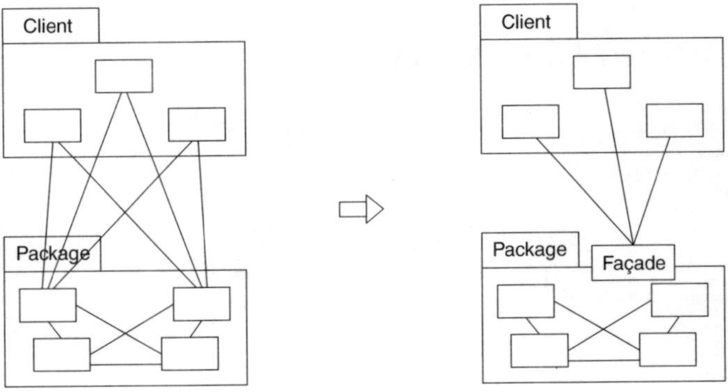

Objectif

Le pattern `Façade` (*facade*) est un pattern de structure orienté objet. Il offre une interface simple à une multitude d'interfaces (package). La classe `Façade` définit une interface abstraite pour simplifier l'utilisation du package.

Application

Utiliser ce pattern quand :

- Il convient de proposer une interface simple à un package complexe.
- Il existe de nombreuses dépendances entre les clients et un package. La façade couple les deux composants et force l'indépendance et la portabilité du package.
- Il s'agit d'organiser les packages en couches. Dans ce cas, une façade définit l'entrée pour chaque couche. La façade simplifie l'accès aux couches.

Fonction des classes

- **`Façade`** - La classe a connaissance des classes du package responsables du traitement du message et délègue les messages du client à la classe responsable. Elle ne définit pas de nouvelle fonctionnalité. Souvent, seul un objet de la classe `Façade` est nécessaire.
- **Classes `Package`** – Elles exécutent les tâches attribuées par la façade et n'ont pas connaissance de la façade.

Pattern Observateur

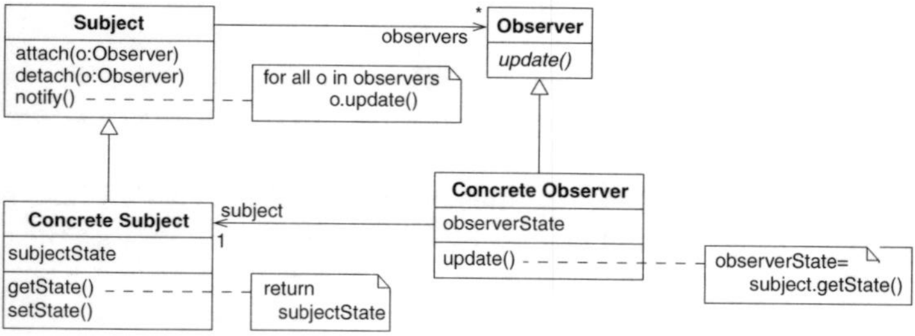

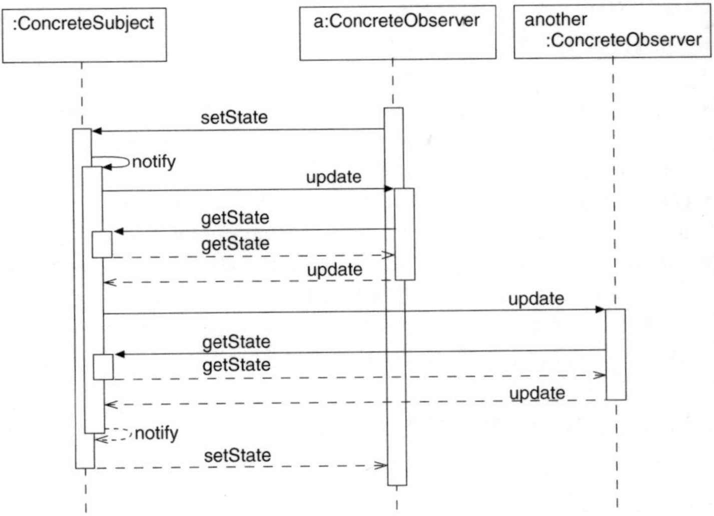

Objectif

Le pattern `Observateur` (*observer*) est un pattern de comportement orienté objet. Il veille à ce que, lors de la modification d'un objet, tous les objets dépendants soient informés et actualisés automatiquement.

Application

Utiliser ce pattern quand :

- une abstraction possède deux aspects qui dépendent mutuellement l'un de l'autre. L'imbrication dans deux objets permet de les réutiliser ou de les modifier indépendamment l'un de l'autre.
- la modification d'un objet implique la modification d'autres objets et qu'on ne sait pas combien d'objets doivent être modifiés.
- un objet doit informer d'autres objets et ces objets sont couplés non étroitement.

Fonction des classes

- `Subject` - La classe connaît un nombre quelconque d'observateurs.
- `Observer` - Cette classe définit l'interface pour tous les *observers* concrets, c'est-à-dire pour tous les objets qui doivent être informés des modifications d'un *subject*.
- `ConcreteSubject` - Les objets de cette classe stockent les données significatives pour l'observateur concret.
- `ConcreteObserver` - Les objets de cette classe connaissent le sujet concret et notent l'état devant être cohérent avec celui du sujet. Elle implémente l'interface de la classe `Observer` pour assurer la cohérence avec le sujet.

Pattern Template method

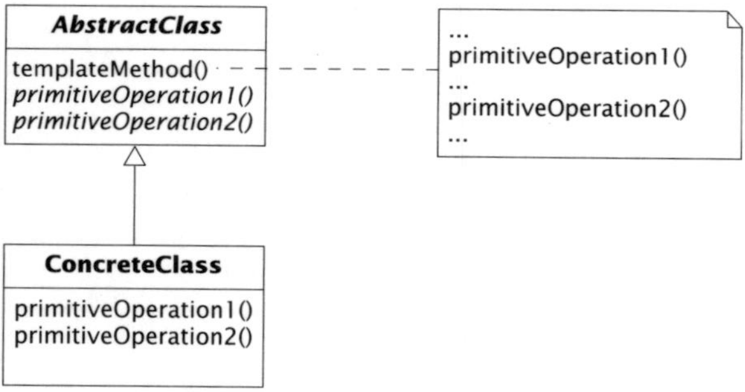

Objectif

Le pattern `Template method` est un pattern de comportement orienté objet. Il définit le cadre d'un algorithme dans le contexte d'une opération et délègue les étapes à des sous-classes. Les `Template methods` existent dans de nombreuses classes abstraites.

Application

Utiliser ce pattern :

- pour définir en une fois les parties invariables d'un algorithme et déléguer aux sous-classes l'exécution concrète des parties variables.

- quand un comportement commun de sous-classes doit être réalisé dans une super-classe pour éviter la duplication du code.

Fonction des classes

- `AbstractClass` - Cette classe définit les opérations primitives abstraites et implémente la `Template method`.
- `ConcreteClass` - Elle implémente les opérations primitives de la super-classe abstraite.

Index

D

J

K

L

M

N

O

P

Q

R

S

T

U

V

W